红色的印记

名在花城系列之二

广州市地名办 编著

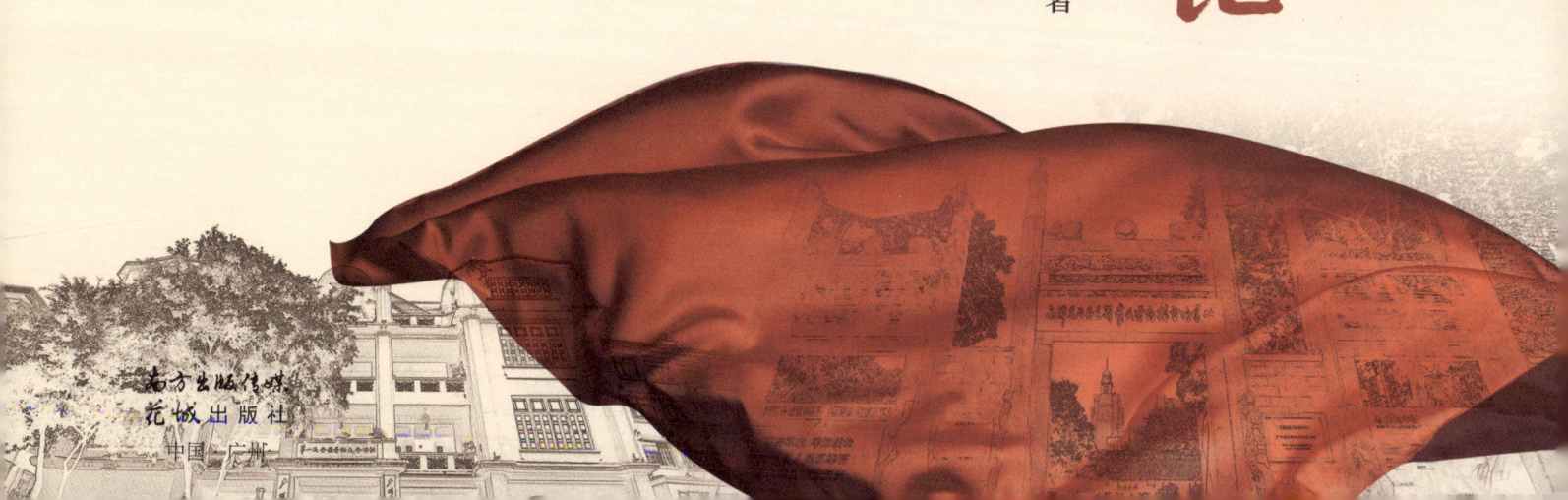

南方出版传媒
花城出版社
中国·广州

图书在版编目（CIP）数据

红色的印记 / 广州市地名办编著. -- 广州：花城出版社，2021.6（2022.1重印）
ISBN 978-7-5360-9444-4

Ⅰ. ①红… Ⅱ. ①广… Ⅲ. ①地名－广州－通俗读物 Ⅳ. ①K926.51-49

中国版本图书馆CIP数据核字(2021)第116397号

出 版 人：肖延兵
策划编辑：张 懿
责任编辑：陈诗泳
技术编辑：凌春梅
装帧设计：莫颖瑜

书　　名	红色的印记 HONGSE DE YINJI
出版发行	花城出版社 （广州市环市东路水荫路11号）
经　　销	全国新华书店
印　　刷	佛山市迎高彩印有限公司 （佛山市顺德区陈村镇广隆工业区兴业七路9号）
开　　本	787毫米×1092毫米 16开
印　　张	12.5　1插页
字　　数	200,000字
版　　次	2021年6月第1版　2022年1月第3次印刷
定　　价	49.80元

如发现印装质量问题，请直接与印刷厂联系调换。
购书热线：020-37604658　37602954
花城出版社网站：http://www.fcph.com.cn

红色的印记

名在花城系列之二

陈永正题

前　言

英雄广州　　初心永存

　　广州是一座孕育英雄的城市。这座2200多岁的都市，不仅拥有源远流长的历史文化，还拥有着深厚丰富的革命基因。尤其是作为近代中国革命的策源地，百余年来在云山珠水之间，涌现出了无数无畏牺牲的英雄勇士，上演了无数可歌可泣的红色故事。广州的红色基因涵盖了鸦片战争、国共合作、土地革命战争、抗日战争、解放战争等各个历史时期，特别是中国共产党成立100年以来，广州作为早期共产党活跃的地区，在中共党史上有着举足轻重的地位，创下了许多党史上的"第一""首次"，在这片7434.4平方千米的土地上，留下了数不清的红色历史遗存。

　　这些红色历史遗存，不仅是党的奋斗历程的沉淀，更是革命先驱们爱国爱民的中国精神、民族精神的彰显，是铸就新时代城市灵魂的重要史迹，是展示党的初心、信仰和追求的重要载体，也是坚定文化自信的重要平台。本书从中精选出广州不同历史阶段的27个重要遗址，以浅显易懂、翔实生动地描述介绍动人心魄的历史事件、艰苦卓绝的斗争历程、百折不挠的革命人物，以及其背后蕴含的时代价值、现实意义，是广大市民尤其是青少年学子，熟悉广州红色革命遗址、了解广州光荣革命岁月的科普性、可读性、实用性读本。

　　百年来，广州的红色基因已渗入城市肌理之中，成为不可分割的血脉组成，正如街头火红绽放的市花木棉一样，伴随着城市的兴盛发展而充满蓬勃生命力，是这座城市历久弥新的精神内涵、赓续不断的文化传承。在中国共产党成立100周年、全国人民开启全面建设社会主义现代化国家新征程之际，愿这本书能帮助大家更好地识历史、知来路、守初心、启新程。

中共广东省委党校（广东行政学院）校（院）委委员、教育长，教授　尹德慈

 ★ 广州起义观音山战斗遗址

 ★ 中华全国总工会旧址

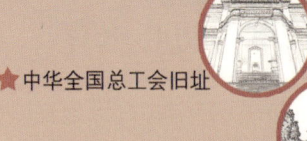
 杨家祠

★ 市政府门前月台

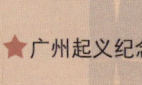 ★ 广州起义纪念馆

 ★ 新民主主义青年团广州市委旧址

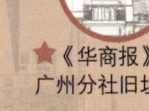 ★《华商报》广州分社旧址

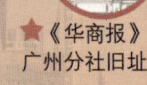  农讲

 ★ 文德楼

 ★ 团一大纪念广

 ★ 周文雍陈铁军革命活动据点旧址

 ★ 广州解放纪念像

东亚大酒店

★ 葵蓬凤溪革命老区

沙基惨案纪念碑　新亚大酒店

 ★ 第一次全国劳动大会旧址

 ★ 协同和机器厂

 ★ 裕安围革命老区纪念馆

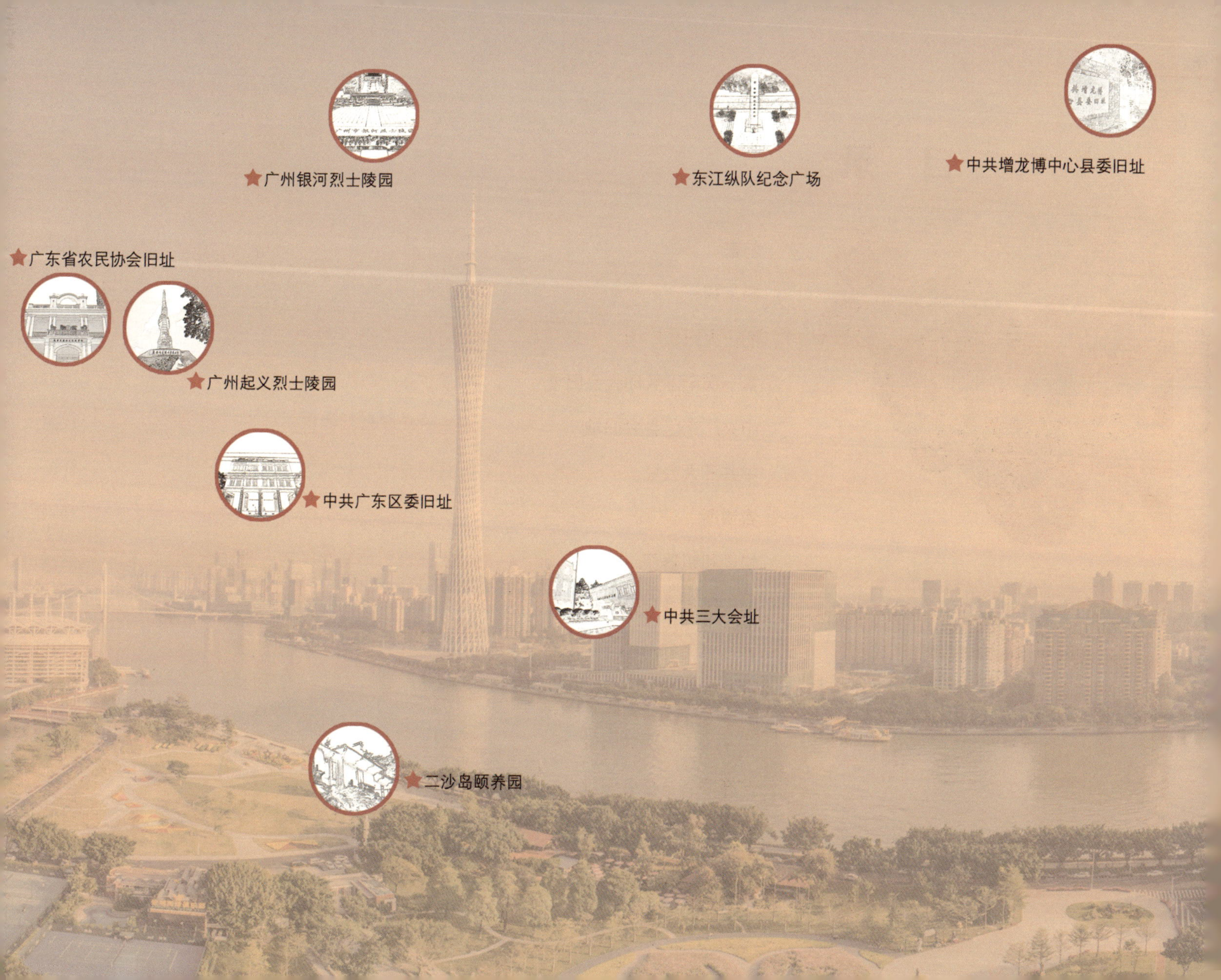

★ 广州银河烈士陵园

★ 东江纵队纪念广场

★ 中共增龙博中心县委旧址

★ 广东省农民协会旧址

★ 广州起义烈士陵园

★ 中共广东区委旧址

★ 中共三大会址

★ 二沙岛颐养园

目 录

前言		001
杨家祠	一个人，一座祠，点亮羊城红色星光	006
团一大纪念广场	一封信为广州"请来"团一大	014
第一次全国劳动大会旧址	中国"八小时工作制"的源头	020
中共广东区委会旧址	中国纪检监察从这里出发	028
中共三大会址	国共两党由此开启合作之路	036
农讲所	中国农民运动精英的"摇篮"	044
协同和机器厂	"师洋技"造出中国首台柴油机	052
裕安围革命老区纪念馆	市郊小村庄走出九烈士	060
沙基惨案纪念碑	血染珠江"此日"永毋忘	066
文德楼	广州最浪漫的红色史迹	072
中华全国总工会旧址	全国工人运动的指挥中枢	078
广东省农民协会旧址	广东80万农会会员的"大脑"	084
新亚大酒店	曾是工人阶级最高学府	092
广州起义纪念馆	中国第一个城市红色政权在这里诞生	098

广州起义观音山战斗遗址	工农红军血染全城制高点	**106**
广州起义烈士陵园	红花岗埋忠骨　革命英魂长存	**112**
周文雍陈铁军革命活动据点旧址	用生命谱写动人革命爱情	**120**
葵蓬凤溪革命老区	芳村红色革命的根据地	**126**
中共增龙博中心县委旧址	增城不容忘却的抗战记忆	**132**
二沙岛颐养园	今朝体育"摇篮"，昔日秘密"基地"	**140**
东江纵队纪念广场	保家卫国驱日寇显英豪	**146**
《华商报》广州分社旧址	繁华北京路上的红色印记	**152**
东亚大酒店	广州解放日升起五星红旗	**158**
新民主主义青年团广州市委旧址	解放初办班培养学生骨干	**164**
市政府门前月台	三天两度举行解放军入城阅兵式	**170**
广州解放纪念像	见证广州一甲子的华丽蝶变	**176**
广州银河烈士陵园	跨越一个世纪的英雄纪念	**184**
后记		**192**

杨家祠
一个人，一座祠，点亮羊城红色星光

文 / 郭仲然

有着千年历史的广州老城区中心，曾经有许多古代宗祠、书院、学堂，大多数分布在越秀区北京路、中山五路、小北路周边。这其中有一座百年书室，因为一个人而在中国革命的进程中担当着重要的角色，看似平凡低调实则光芒四射，它就是杨家祠。这个人便是中国共产党早期理论家、革命家，我国宣传马克思主义的先驱之一杨匏安。

★百年杨家祠已被林立的现代楼宇"包围"

地点：越秀区越华路116号
交通：公交6路、185路、264路、517路、B4路等，地铁2号线公园前站

一座低调有着数百年历史的宗族祠堂

位于越秀区越华路116号的杨家祠，建于清朝乾隆三十七年（1772），是一座有数百年历史的建筑。要寻根究底，这个杨家祠其实是珠海北山杨氏家族在广州设立的宗族祠，后来成为杨氏子弟到广州读书应试的寓所。话说珠海北山杨氏家族的开宗之祖叫杨泗儒，南宋嘉熙元年（1237）蒙古兵进逼江南，住在广东南雄的杨泗儒为避战乱，带妻儿举家南迁至珠海，自此成为北山杨氏开宗之祖。为纪念杨泗儒，杨家祠又被称为"泗儒书室"。

杨家祠所在之地可谓"风水宝地"，坐北朝南，西边紧邻两广总督署（即今广东省民政厅），前面是司后街（即今越华路），后边是兵营。杨家祠最完整的时候分前后二进，前座面阔13米，进深9.5米，前后座都有带阁楼的耳房，可谓豪宅，但现在仅余前座，为广东省文物保护单位。

一座成为华南明灯的红色据点

1918年，一位戴着圆眼镜的年轻杨氏后人怀揣着救国救民的梦想，住进了杨家祠。每天夜晚，

★ "华南明灯——杨匏安旧居革命史迹展"和杨匏安同志的半身塑像

在杨家祠后座东厢房的小阁楼上，一盏昏黄的灯照映着他奋笔疾书的身影。他就是杨匏安。直到1927年离开广州，杨匏安在这里工作、战斗了整整10年，广州许多地方都留下了他的足迹。

杨匏安14岁时，考入广东高等学堂附中（今广东广雅中学），广州读书期间，他接触了孙中山的革命思想。19岁时，杨匏安和族叔杨章甫东渡日本横滨求学，在日本接触到社会主义思想，思想由此发生了深刻变化。1918年初，杨匏安举家迁居杨家祠，开始以教师和报刊作家的身份积极投身新文化运动，发表大量介绍西方科学民主思想的文章，开启民智。在五四运动时期，杨匏安集中发表了一系列介绍马克思主义的文章，成为华南地区传播马克思主义第一人，与李大钊齐名，有"北李南杨"之称。1921年，杨匏安加入中国共产党，成为中共广东早期党员之一，他组织过学生运动、粤汉铁路工人大罢工等革命活动，曾任中共广东区委监察委员，与陈延年、周恩来一起工作过，当选过中共中央委员、中央监察委员，策应过南昌起义，革命踪迹还到达了香港、澳门地区，以及新加坡等地。

★ 年迈的长者前来参观杨家祠

杨匏安的居住地杨家祠也成为广州党、团组织的重要活动据点，共产党早期的许多会议都是在这里召开，很多重要领导人都在杨家祠工作活动过。那段时期，杨家祠拥有多重身份：中国共产党广州早期组织活动点、中共广东区委活动场所、黄埔军校招生时应考的中共党员报到地、省港罢工委员会给罢工工人发放各界捐款处、上海社会主义青年团邮寄广东团委收件处、中共三大筹备联络处、外地来穗中共党员临时住处、外地来穗中共党员医疗点等。杨匏安还在杨家祠办起了注音字母

★ 现代科技再现杨家祠旧貌

★ 展馆内景

训练班,为共产党的活动做掩护。

1929年,杨匏安来到上海参与中国共产党的报刊出版工作。在公余时间,他参考苏联东方劳动大学和中山大学的讲义,编译出版20余万字的《西洋史要》,成为中国最早用马克思主义唯物史观写成的西洋史著作。他还以王纯一为署名翻译了列宁和拉比杜斯合著的《地租论》,传播马克思主义真谛。杨匏安长期受到国民党反动派的追捕通缉,最终因叛徒出卖,于1931年在上海家中被捕,同年被秘密枪杀,年仅35岁。周恩来对杨匏安革命的一生做了高度评价,他说:

"杨匏安为官清廉,一丝不苟,称得上是模范。"

现在,杨家祠经过修复后成为杨匏安旧居陈列馆,除了保留杨家祠原本面貌,还通过写实绘画与VR虚拟手段在祠堂北墙复原了杨家祠后座与相邻天井的原貌。在杨匏安曾经居住的东厢阁楼,则放置了民国风格的桌椅、文房用品,并摆放一盏常亮的油灯,复原了杨匏安在书房挑灯工作的场景,寓意着杨匏安虽已离开,但他的革命精神如同案头的明灯一般永不熄灭,传递着希望之光。

★杨家祠内的宣传册

历史链接：

杨家祠与中共三大

　　1921年8月，中国共产党广东支部在广州成立，1922年扩大为中共广东区委，其办公地点大多设在杨家祠。1923年6月12日至20日，中国共产党第三次全国代表大会在广州举行，大会的会场选址、会场布置、代表接引、食宿安排等筹备工作都是在杨家祠进行的。当时的三大代表瞿秋白曾住在杨家祠，教代表们唱《国际歌》，利用讲课、唱歌来宣传革命。

馆复原了杨匏安生前挑灯工作时的书桌和油灯

党史小百科

1. 中国共产党是什么样的政党？

　　中国共产党是中国工人阶级的先锋队，同时是中国人民和中华民族的先锋队，是中国特色社会主义事业的领导核心，代表中国先进生产力的发展要求，代表中国先进文化的前进方向，代表中国最广大人民的根本利益。党的最高理想和最终目标是实现共产主义。

团一大纪念广场

一封信为广州"请来"团一大

文 / 张玉琴

"团一大广场站到了。"当你乘坐地铁6号线时，是否留意过有个站名叫团一大广场站。地铁站的命名，让这个曾因历史风云散去而沉寂的地方又热闹起来，并被更多人所熟知。让我们坐上开往历史的"地铁"去了解百年前中国共产主义青年团在广州的故事吧。

地点：越秀区越秀南路东园横路与挹翠路交叉口北50米
交通：地铁6号线团一大广场站

★团一大纪念广场主雕塑是"书本"的造型

东园曾是清末提督私家花园

团一大纪念广场所在这一带被称为"越秀南",这里有越秀南路和曾经喧闹的越秀南客运站。在更早之前,越秀南这一片叫作"东园"。

东园的历史要追溯到清末时期,当时的广东水师提督李准是一个手握实权的人物。他圈占了这片城东近郊的土地,建起了私家园林别墅,占地大约2.5万平方米。因别墅东面不远即东濠涌口,园内又有东关水汛、东鬼基等地,故名"东园"。今东园路、东园横路、东园后街等地名都因东园旧地而得名。现在东园最南侧的大门上还有李准手书的"东园"二字。

约在1918年,一场大火将东园烧成废墟。当时正值风起云涌的大革命时期,无力重建东园,很多大型集会就在清理后的废墟空地上举行。

来自广州的建议决定了团一大召开地

1922年2月,中国社会主义青年团上海临时中央局通知各地团组织,计划当年4月在上海召开中国社会主义青年团第一次全国代表大会(简称团一大)。3月6日,中国共产党广东支部负责人谭平山写信给青年团临时中央局代理书记施存统,详细阐述了早期广州社会主义青年团组织的概况和主要活动。这封信中有一个重要内容，就是主动争取团一大在广州召开。谭平山在信末写道："大会地点，如能够改在广州更好，因为比较自由。"对此建议，中共中央局和团临时中央局经过慎重考虑后，认为广州的政治环境比较好，最终决定团一大在广州召开。这是历史的选择，充分体现了党对广东青年运动的肯定和重视。

1922年5月5日是马克思诞辰104周年纪念日，这一天，中国社会主义青年团第一次全国代表大会在东园开幕。来自北京、上海、天津、南京、广州、长沙、武汉等地的25名代表出席会议，代表15个地方团组织、5000多名团员。中共中央局、少共国际、朝鲜青年团的代表也应邀参加了大会。

会议为期6天，气氛极为热烈，张太雷主持大会，党中央书记陈独秀、少共国际代表达林等人发表讲话。会议通过了《中国社会主义青年团纲领》《中国社会主义青年团章程》等一系列议案。纲领和章程明确了团的性质、任务、奋斗目标，第一次提出"铲除武人政治和国际帝国主义的压迫"，即反帝反封建的革命任务，表达了建立反对封建军阀和帝国主义联合战线的意向，为中国青年运动和团的建设指明方向，在中国近代史上具有深远的历史意义。

团一大的召开，标志着中国社会主义青年团（中国共产主义青年团前身）的正式成立，从此，中国的革命青年有了在中国共产党领导下的全国性统一组织，中国青年团组织实现了思想上、组织上的统一，成为中国青年运动发展史上的一个里程碑。

团一大精神代代相传

2012年5月，广州市委、市政府在东园旧址附近修建了团一大纪念广场，作为对青少年进行爱国主义教育和革命传统教育的重要阵地和场所。广场上红砂岩材质的主雕塑呈书本的造型，上方是迎风飘扬的团旗，基座分别刻有团一大旧址介绍、"入团誓词"，以及"青春汇洪流""群英聚东园""立纲铸伟业""先驱连工农"四座主题浮雕，寓意着共青团员们要谨记历史，继承并弘扬革命光荣传统。

新时代的共青团员，当你们经过团一大纪念广场时，不妨停住脚步，重温入团誓词，回望这段中国社会主义青年团的光辉历史，让初心和使命在最美的青春绽放。

★ 共青团员们面向广场上的团旗宣誓

历史链接：

为何在 5 月 5 日召开团一大？

　　1922年5月5日是无产阶级革命导师卡尔·马克思诞辰104周年纪念日，为表明中国社会主义青年团是信仰马克思主义的革命团体，党中央和团临时中央局决定在这一天召开全国青年团正式成立大会。

党史小百科

2. 中国共产党是怎么诞生的？

　　1921年7月23日，中国共产党第一次全国代表大会在上海召开，最后一天的会议转移到浙江嘉兴南湖的一艘游船上举行。参会代表有13人：李达、李汉俊(上海)，张国焘、刘仁静(北京)，毛泽东、何叔衡(长沙)，董必武、陈潭秋(武汉)，王尽美、邓恩铭(济南)，陈公博(广州)，周佛海(旅日)，受陈独秀派遣参会的包惠僧，代表着全国50多名党员。共产国际代表马林和尼科尔斯基列席会议。大会通过了《中国共产党的第一个纲领》《中国共产党的第一个决议》，确定党的名称为"中国共产党"。党的纲领是"革命军队必须与无产阶级一起推翻资产阶级的政权""承认无产阶级专政，直到阶级斗争结束""消灭资本家私有制"等。大会选举了党的领导机构中央局，陈独秀为书记，李达、张国焘分管宣传和组织工作。一大的召开标志着中国共产党的正式成立。

第一次全国劳动大会旧址
中国"八小时工作制"的源头

文/李丹

★ 位于滨江西路230号的广东机器工会会所旧址

朝九晚五，每天工作8个小时；到了五一假期，可以在家休息或全家出游，这对于上班族来说是再幸福不过的事了。当我们安享8小时工作制的时候，可曾知道早在百年之前，是工运先驱们用热血和生命为后人谋求到了这项人性化的劳动制度和福利。

1922年5月1日，在中国劳动组合书记部发起召开的第一次全国劳动大会（简称"一劳大"）上，通过了一系列决议案，其中就有《八小时工作制案》。而这次关系我们现代人工作福利的大会，便是在广州市滨江西路230号——广东机器工会会所召开的。

 地点：海珠区滨江西路230号
交通：有121路、131路、186路、25路、1路、广281路、57路、旅游公交2线等多路公交线

广州工人有了组织和活动会所

随着西方第一次工业革命的开始和工厂的出现，工人应运而生。机器生产带来的高利润率却没有给工人带来好生活，他们吃不好，睡不好，常常要在岗位上工作12到14个小时，甚至更久。鸦片战争之后，外国资本开始在广州大量开办工厂，从而诞生了中国第一批产业工人。他们成为被"压榨"的对象，像机器一样夜以继日地工作着。

1920年，香港机器工人举行大罢工，要求增加工资、改善待遇，并取得了胜利。这对广州机器工人产生了极大的鼓舞和影响，这使他们明白，要改善待遇必须组织团结所有的工人才能拥有强大的对抗资本家的力量。

1920年，广州机器工人和粤籍旅居东南亚的机器工人捐资兴建了广东机器工会会所，大楼位于滨江西路230号。会所落成时为三层西式大楼，楼前的花园直通珠江边，后面由仓库改建成的大礼堂可容纳2000多人。

第一次全国劳动大会盛况空前

20世纪20年代,中国工人阶级开始觉醒,各地不断爆发罢工等工人运动,但大都存在着地域分散、力量单薄、方式简单、影响范围小等问题。广州是中国工人阶级和工人组织最早诞生地之一,工人运动走在了全国前列。为了加强对日益高涨的工人运动的领导,1922年,根据中共中央的决定,中国劳动组合书记部向全国各工团发出了5月1日国际劳动节之际在广州召开第一次全国劳动大会的通告。

此次大会的会场就是位于珠江南岸、解放大桥西侧的广东机器工会会所。前来参加会议的代表有173人,他们代表着全国12个大城市的110个工会、34万有组织的工人。工人代表们克服了路途遥远、经费困难、警察追缉等重重困难,千里迢迢赶到广州,当时珠江上没有桥,代表们还需要坐渡船抵达珠江南岸,再赶到会场,一路可谓非常艰辛。

但在代表们看来,这些辛苦是值得的。5月1日当天,参加"一劳大"的代表和广州工人5万多人一起在第一公园(即今天的人民公园)举

★ 当年由仓库改成的大礼堂可容纳2000多人

行庆祝国际劳动节大会,盛况空前。当时国内著名工运人物如李启汉、邓中夏、邓培、陈炳生、苏兆征、林伟民、黄焕庭等均参加了大会,陈独秀发表了"劳动节的由来及意义"的演说。会后还举行了大游行,当时高举红旗,走在队伍最前面的就是中国劳动组合书记部南方分部主任谭平山。

"一劳大"的成果不仅仅在于此,为期6天的大会硕果累累,会议通过了《全国劳动大会第一次宣言》,中国共产党明确提出"打破军阀主义、打破帝国主义、打破资本

★ 第一次全国劳动大会旧址

主义"的政治口号，得到代表们广泛响应，并被写进大会《宣言》公开发表。会议还通过了《八小时工作制案》《罢工援助案》等10个决议案。"一劳大"开创了全国工人联合起来的新纪元，确认了中国共产党在工人运动中的领导地位，为全国工人运动进一步发展奠定了基础。

虽然在当时社会复杂、经济落后的情况下，"八小时工作制"很难落地推行。但是，前人种树后人乘凉，这种工作制对后世产生了深远影响，也成为今天我们工作福利的源头。

会址"身份"历经三年终确认

在此后几十年的纷飞战火中，"一劳大"会址——广东机器工会会所幸运地保存了下来。中华人民共和国成立后，该会所被政府接管，并移交广州市总工会，作为广州职工业余教育和机电工会的办公场所。它曾经拥有的重要"身份"一度被遗忘在历史烟云中。

"一劳大"旧址的考证确认工作历时三年，由于没有充分史料支撑，专家们始终无法确定具体位置，直到2006年广州第四次文化普查中，广东机器工会会所作为"一劳大"会址的"身份"终于得到了确认，这幢古朴的小楼重新回到人们的视线里。2011年，广州市总工会对旧址进行了原状修复。

现今"一劳大"旧址纪念馆免费向市民开放，馆内陈列着大量百年来中国工人工作、生活以及开展运动的史料文物，人们看着这些文物时，当年工运代表振聋发聩的呐喊声犹在耳边回荡，更能体会到现今幸福生活和工作福利是多么来之不易。

★ "一劳大"旧址纪念馆内景（左大图）

★ "一劳大"旧址纪念馆

……纪念馆内景

历史链接：

李启汉提出"八小时工作制"

1922年5月1日，中国劳动组合书记部发起第一次全国劳动大会，有不少国内著名工运人物参加大会，其中就包括李启汉。他是中国共产党创建时期最早的党员之一，著名的早期工人运动领袖，曾任中国劳动组合书记部干事。他的提案《八小时工作制案》和《罢工援助案》，均被大会通过成为决议案。1927年4月，李启汉被国民党反动派杀害，为中国工人阶级的解放事业献出了宝贵生命。

党史小百科

3. 中国共产党的行动指南是什么？

中国共产党以马克思列宁主义、毛泽东思想、邓小平理论、"三个代表"重要思想、科学发展观、习近平新时代中国特色社会主义思想作为自己的行动指南。

中共广东区委会旧址
中国纪检监察从这里出发

文 / 张玉琴

广州人爱喝汤水，也爱喝糖水。越秀区文明路和德政中路交会处就被人称为"甜蜜路口"，因为这一带汇聚了百花、玫瑰等人气超旺的甜品店，每次经过这里，人们都忍不住喝上一碗清润甜美的地道粤式糖水。在这个路口的西边20米处，有一座四栋相连的三层骑楼，90多年前，它的一楼也是小食店，而楼上却是中国共产党广东区委等党的秘密组织办公场地。中共广东区委在这里领导全省的革命斗争，也是在这里诞生了中国共产党历史上的第一个地方纪律检查机构——广东区委监察委员会。

地点：越秀区文明路194—200号
交通：有3路、35路、65路、91路、106路、125路、183路等多路公交线

★ 中共广东区委旧址纪念馆内景

"管东渠"拥有中共党史之最

1921年7月，中国共产党诞生后，根据革命形势的需要，同年8月在广州成立了中国共产党广东支部，1922年扩大为广东区执行委员会（简称"广东区委"）。最初，中共广东支部及中共广东区委的活动地点设在杨家祠。1924—1927年，广东区委办公地转移至文明路194-200号的一栋小楼里。

为了保密需要，广东区委的同志在警察局登记租楼时用了"管东渠"这个名字，谐音"广东区"，后来"管东渠"就成了广东区委的代号。当年，这座四幢相连的三层骑楼总面积不到1000平方米，却容纳了当时全党最健全的组织机构。一楼从左到右分别为用来做掩护的住宅、生草药店、小食店和鞋店，二楼、三楼就是中共广东区委和青年团广东区委办公的地方。

1924年，周恩来从法国回国接任广东区委委员长一职，就在三楼办公。后来，周恩来调往黄埔军校任政治部主任，改由陈延年担任区委书记。中国共产党很多著名革命先驱都先后在广东区委下属的部、委担任过领导职务，比如宣传部部长罗亦农、张太雷，农民运动委员会书记阮啸仙、彭湃，妇女运动委员会书记蔡畅、邓颖超等。

中共广东区委曾有几"最"：一是管辖区域最大，除领导广东、广西党组织外，1926年初还扩展到福建西南部、云南及南洋一带；二是设立了中共最早的地方军事机构——军事运动委员会；三是大革命时期党员人数最多的地方党组织，1925年上半年仅广州就有30多个支部，党员400余人。

★ 中共广东区委旧址纪念馆外景

★ 从这里上二楼就是当年中共广东区委的办公室

首创监察委顺利通过大罢工"大考"

中共广东区委最值得书写的还是建立监察委员会，开辟了中共纪检工作的先河。1925年2月，中共广东区委监察委员会成立，林伟民任书记。这是中国共产党建立的第一个纪律检查机构，是中国共产党纪检监察制度的发端。

中共广东区委监察委员会成立不久，就迎来了第一次"大考"。1925年6月19日，在中共广东区委和全国总工会的直接领导下，省港大罢工爆发，至6月底，罢工人数达到25万。大罢工历时16个月，募集到的经费高达490万元，管好工人的"养命钱"，建立公正廉洁、值得工人信赖的领导机构，直接关系到罢工能否取得最终的胜利。监委会发挥了有效的监督作用，并利用机关报《工人之路》进行舆论监督，揭发贪污舞弊行为。资料显示，整个罢工期间，罢工工人代表大会通过了撤职、查办和惩戒舞弊的决议46项，整顿纪律的决议80项。这些行之有效的监督措施，有力地保证了罢工的顺利进行。

中共广东区委监察委员会为创建中央监察委员会积累了重要经验。两年之后，在1927年召开的中共五大上，广东区委监察委员会委员杨匏安介绍广东成立区监委的经验，会议选举产生中央监察委员会，王荷波为主席，杨匏安为副主席。可以说中国纪检监察之路就是从广东出发的。

老楼再传新时代之声

今天我们看到的中共广东区委会旧址纪念馆已经修整一新，一楼、二楼为陈列室，二楼的楼梯口重新恢复了岗亭，三楼的中共广东区委书记办公室及各部委办公室均已恢复原样。在广东区委书记陈延年的办公室里布置有办公桌、书架、行军床等物件，展示牌上写着"毛泽东、周恩来、邓中夏、吴玉章等同志曾在这里共同研究工作"。在书记办公室和秘书处办公室相隔的木板上还有一个小窗口，这是当年专门为陈延年和秘书长商谈工作和传递文件而开的。

2018年2月28日，"新时代越秀讲习所"在中共广东区委会旧址纪念馆揭牌，每周都有"新时代越秀先锋宣讲团"和中共广东区委会旧址纪念馆专业讲解员为前来参观的党员干部、市民群众宣讲中共广东区委的历史和广州革命的红色故事。

90多年前，领导广东、广西革命的声音从这栋老楼传了出去；90多年后，这里又以崭新的方式再传新时代之声。

★ 纪念馆内景

★ 展览以丰富的图片和复原的实物再现中共广东区委发展历程

历史链接：

文明路的由来

古时的广州有内城（老城）外城（新城）之分，宋代建成内城，明代建成外城。广州老城共16道门，分别是内城正东门、正西门、正南门、正北门、归德门、小北门、小南门、文明门；外城小东门、永兴门、永清门、五仙门、靖海门、油栏门、竹栏门、太平门。1922年，广州拆内城墙修建马路为原内城南墙文明门旁的路，就叫文明路。

党史小百科

4. 中国共产党的党徽党旗是什么？

中国共产党党徽为镰刀和锤头组成的图案。党旗为旗面缀有金黄色党徽图案的红旗。党徽党旗是中国共产党的象征和标志。党的各级组织和每一个党员都要维护党徽党旗的尊严，要按照规定制作和使用党徽党旗。

中共三大会址
国共两党由此开启合作之路

文 / 吴瑕

如今,越秀区东山口是许多文艺青年常去的网红打卡地。漫步在新河浦路、恤孤院路、培正路一带,举目望去都是一座座极具历史质感的西式花园别墅。古树绿荫、红砖外墙、钢筋窗花,让人恍然间有一种走入时光隧道的感觉,好像回到20世纪初。这些老洋楼背后,都有着一段段关于显赫人物的故事,红砖洋楼掩映深处的恤孤院路3号在风云时代发生的故事更是深远地影响着国家的未来,这里就是中共三大会址所在地。

1923年6月,中国共产党第三次全国代表大会(简称中共三大)在此召开。此次大会解决了中国共产党同孙中山先生领导的中国国民党进行合作的问题,制定了建立革命统一战线的方针政策,此后经过新民主主义革命的反复实践与发展,革命统一战线逐渐成为中国共产党战胜强敌、夺取革命胜利的三大法宝之一。

★中共三大会址纪念馆内景

地点:越秀区恤孤院路3号
交通:有811路、813路、3路、215路等多路公交,地铁1号线和6号线的东山口站

当年：全国各地党代表秘密赴穗开会

1923年4月，中国共产党中央机关迁至广州，以位于新河浦路24号三层公寓式洋楼"春园"为主要办公场所，陈独秀、李大钊、蔡和森、毛泽东、瞿秋白、张太雷、向警予等中国共产党早期领导人和共产国际代表马林都住在春园，并在这里筹备召开中国共产党第三次全国代表大会。

中共三大会址纪念馆研究馆员吴敏娜介绍，当时春园位于广州的郊区，环境比较优雅和幽静，相对来说安全性较高，租金也比较便宜，出于经费、安全等方面考虑，中共广东区委在春园后面租了一栋两层的楼房作为中共三大会场。"春园门前的水涌连通珠江水道，船只可以直达门前，又紧邻大沙头的广九火车站，交通十分方便。"

1923年6月12日至20日，中国共产党在广州恤孤院后街31号召开了第三次全国代表大会。出席这次大会的代表有30多人，代表全国420名党员，经过9天激烈的讨论，大会通过了《中国共产党第一次修正章程》，制定了《中国共产党中央执行委员会组织法》，选举产生了党的中央执行委员会，确定建立革命统一战线的方针策略，促进了第一次国共合作的实现。

据吴敏娜介绍，中共三大是中国共产党迄今为止唯一一次在广州召开的全国代表大会，对中国革命进程产生了重大影响。此后，统一战线方针在中国革命建设和改革开放的各个历史时期不断地丰富和发展，发挥出越来越大的作用。

★ 中共三大会址纪念馆

中共三大闭幕后，在春园召开的第三届中央执行委员会分工会议上，毛泽东当选为中央局秘书，这是毛泽东首次进入中央执行委员会，并进入中央局，成为中央领导核心成员。会议的最后一天，全体代表集中在黄花岗烈士陵园合唱《国际歌》，自此在党的代表大会闭幕式上唱《国际歌》成为传统并延续至今。

如今：成为重要红色教育基地

与作为中共中央机关旧址的春园不同，中共三大会址一直掩埋在历史的尘埃中。因为这栋普通二层民居在1938年毁于侵华日军的轰炸，早已不复存在，中华人民共和国成立后经过多方证实，才被最终确定为会议遗址所在地。

2006年，由中共三大会址遗址广场、历史陈列馆、中共中央机关旧址——春园和旧民居5号楼组成的中共三大会址纪念馆正式对外开放。2013年3月，中共三大会址被列入全国重点文物保护单位。出于对会址遗址的保护，也为了保持历史真实，相关部门并未对楼房进行复建。现在，人们来到中共三

★ 中共三大会址纪念馆外观

★ 丰富的图片和史料再现当年"春园故事"

★ 复原的会场

大会址遗址广场上，能看到一方深红色石碑，上面镌刻着"中国共产党第三次全国代表大会会址"和"全中国国民革命者联合起来"的字样。石碑下方是被玻璃覆盖的长方形凹槽，往下可见一些破旧的地砖墙基，这就是中共三大会址的建筑遗迹。

如今，前来中共三大会址纪念馆参观学习的党员群众络绎不绝。春园伫立在喧闹都市的宁静一隅，诉说着当年波澜壮阔的革命故事，带着你我回到那个慷慨激昂的革命岁月，激励着每一个人不忘初心，砥砺前行。

2020年7月1日，中共三大会址纪念馆改扩建项目正式开工，计划于2021年7月1日前完工，以全新姿态呈现并恢复开放。改扩建项目包括新建陈列馆、原陈列馆重新装修布展、旧民居5号楼装修改造、室外广场及停车场提升改造。改扩建后的中共三大会址纪念馆，将建成全国红色文化传承弘扬高地、广东省最具影响力的党员教育基地。

★ 纪念馆大厅内的巨型浮雕群像

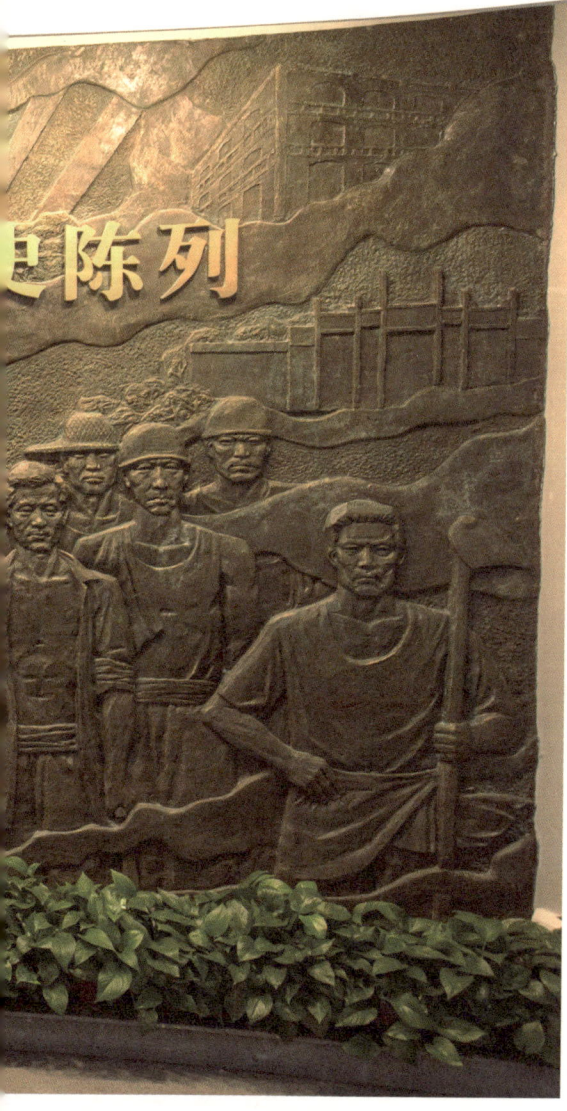

历史链接：

中共三大推动国共两党首次合作

中共三大通过了《关于国民运动及国民党问题的议决案》《中国共产党第三次全国代表大会宣言》等文件，允许共产党员以个人身份加入国民党，采取党内合作的形式，同国民党建立联合战线，以完成反帝反封建的国民革命的重要任务。在中国共产党的推动下，孙中山先生在文明路215号（今中山图书馆钟楼礼堂）召开了国民党第一次全国代表大会，对国民党进行了改组，确定了联俄、联共、扶助农工的三大政策，第一次国共合作正式形成。随后全国掀起了声势浩大、轰轰烈烈的反帝反封建的革命群众运动，取得了北伐战争的胜利，推进了中国新民主主义革命的进程。

党史小百科

5. 中国共产党在社会主义初级阶段的基本路线是什么？

领导和团结全国各族人民，以经济建设为中心，坚持四项基本原则，坚持改革开放，自力更生，艰苦创业，为把我国建设成为富强民主文明和谐美丽的社会主义现代化强国而奋斗。

农讲所

中国农民运动精英的"摇篮"

文 / 赵瑞莹

位于越秀区中山四路的广州少年儿童图书馆，对于中小学生们来说应该不陌生，许多人的周末和假期时光都会在这里度过。你留意过图书馆一旁的那幢建筑吗？有同学会说，我知道，那是农讲所。也有同学说，不对，那叫番禺学宫。这究竟是怎么回事呢？

这幢有着600多年历史的建筑前世今生都与"学习"有关。在明清时期，这里是广州地区的最高学府，儒生们在此学习，参加科举求取仕途；在20世纪20年代，这里是广州农民运动讲习所（简称"农讲所"），为以后的农民运动、武装起义培养了大批骨干力量。在21世纪，作为红色教育的重要场所，它担负着更多教化育人的新使命。

地点：越秀区中山四路42号
交通：有1路、27路、76路、93路、102路、864路、高峰快线53路等多路公交线，地铁1号线农讲所站

★ 番禺学宫的建筑

明清：祭孔子教儒生的最高学府

棂星门、泮池拱桥、大成门、大成殿、崇圣殿、明伦堂、光霁堂……这是我们今日见到的番禺学宫，这座红墙黄瓦、古朴庄重的砖木结构古建筑群，始建于明代洪武年间，迄今已有600多年历史。明清时期这里的建筑数量比现在更多，整体规模也更宏大。明代这里叫"孔庙"，是祭祀孔子的地方；清代改名为"番禺学宫"，是广州的最高学府，儒生们从这里踏上漫漫科举之路。

★番禺学宫曾是清代广州的最高学府

近代：培养文武双全的农民运动干部

这幢建筑最令世人瞩目的是20世纪20年代作为"农民运动讲习所"的身份，在中国近代革命史上具有举足轻重的地位。现在，让我们循着第六届农讲所所长毛泽东在广州的足迹来重温这段历史。

20世纪20年代，广州是中国共产党早期革命活动的主要城市，毛泽东曾3次到广州开展革命运动，分别出席了1923年的中共三大和1924年的国民党一大，这两场重要会议促成了第一次国共合作。彼时，国民革命运动迅猛发展，为配合即将进行的北伐战争，开展全国农民运动，1924年一所唤起农民觉悟、培养农民运动干部的学校应运而生，它以国民党的名义开办，主要由共产党人主持，以"养成农民运动之指导人才"为办学宗旨，它就是广州农民运动讲习所。

从1924年7月至1926年9月，广州农讲所共举办了6届，主持人都由共产党人担任，教员大部分是共产党员，学员也大都是共产党

★ 第六届农民运动讲习所展览现场

★ 油画《毛泽东给农民运动骨干讲课》

员、青年团员和进步青年。其中，第六届从1926年5月到9月，由毛泽东任主任，校址就设在番禺学宫。这届学员最多，共有来自全国20个省份的327人。

农讲所实行完全军事化管理，注重严格的军事训练。全体学员编为一个总队，下分为两个中队、6个分队。每天，学员们在嘹亮的军号声中起床，5分钟内要穿好军装，打好绑腿，背着步枪到操场上出操，学习射击、刺杀和各种战术动作。他们还会到市郊石井广东兵工厂进行实弹射击，并在黄花岗进行军事演习。

学员的学习任务并不轻松，需要在4个月内掌握25门涵盖政治、经济、文化、军事等方面的课程知识。毛泽东除主持管理工作外，还讲授《中国农民问题》《农村教育》《地理》等课程，周恩来、彭湃、林伯渠、萧楚女、恽代英等中共早期领导人也担任授课教员。

油画作品《毛泽东给农民运动骨干讲课》就再现了课堂场景：在讲台上讲课的毛泽东激情昂扬，讲台下的学员全神贯注。毛泽东授课时不拘泥于教材，师范学校出身的他善于把知识点"化抽象为具体"，比如，在讲解中国社会各阶层时，他通过在宝塔形结构图中罗列出各个阶层的方式生动形象地把"压在工农劳苦大众身上的几座大山"表现出来。

农讲所还注重理论与实践结合，学员们有很多社会实践的机会，比如到曲江县（今韶关）、海丰县参加农民运动实习，参加广东各界援助英国工人罢工斗争大会等。教员们还按省份成立了13个"农民问题研究会"，每周组织学员就农村的实际问题展开研讨。

学习4个月后，第六届共有318名学员正式毕业，根据原定计划，所有学员都回到原籍从事革命工作，组织发动当地农民运动。临行前，毛泽东还为每位农民运动特派员起了化名，以保护他们的安全。

农讲所学员后来成为中国农民运动、武装起义的骨干力量，南昌起义、秋收起义、广州起义等武装起义队伍中，都有农讲所师生的身影。

现代：红色革命精神熠熠生辉

到了21世纪，农讲所有了新名称——毛泽东主办农民运动讲习所旧址纪念馆；有了新标签——

★ 当年第六届农民运动讲习所在番禺学宫内举办

全国重点文物保护单位、首批爱国主义教育基地、全国第二批爱国主义教育示范基地、全国红色旅游经典景区；有了新使命——不仅是广州市越秀区中小学入学开笔礼活动主会场，还是新时代红色文化讲堂。

如今，这幢老建筑恢复了第六届农民运动讲习所的布置，两侧原学员宿舍被辟为历史陈列展厅。毛泽东主编的《农民问题丛刊》，全国仅存两枚的中国国民党农民运动讲习所证章，周恩来亲笔手书的纪念馆馆名……一件件珍贵文物静静地讲述着百年来的峥嵘故事。

每天来农讲所的参观者络绎不绝，这座"革命的摇篮"所代表的红色精神在新时代历久弥新、熠熠生辉，激励着人们继承革命先辈的精神，承担时代使命，为实现中华民族伟大复兴的中国梦砥砺前行。

亲爱的同学们，也欢迎你们在图书馆读书之余走进农讲所，开启另一个中国革命历史的学习之旅。

历史链接：

番禺学宫曾是中学

1904年，番禺学宫的部分建筑被改建成番禺公立中学堂的校舍，1915年学堂改为广州私立八桂中学，抗战期间这所中学历经两次迁址，1946年在原址复校，中华人民共和国成立后合并入广州市第十五中学。1953年这里改为农民运动讲习所旧址纪念馆。

党史小百科

6. 中国共产党的入党誓词是什么？

《中国共产党章程》第一章第六条规定："预备党员必须面向党旗进行入党宣誓。誓词如下：我志愿加入中国共产党，拥护党的纲领，遵守党的章程，履行党员义务，执行党的决定，严守党的纪律，保守党的秘密，对党忠诚，积极工作，为共产主义奋斗终生，随时准备为党和人民牺牲一切，永不叛党。"

协同和机器厂
"师洋技"造出中国首台柴油机

文 / 李丹

在广州哪里可以拍复古工业风的文艺照？可能很多人想到的是红专厂，一个由旧厂房改造的创意园区。其实，广州还有许多比红专厂历史更悠久的旧厂房，一座座斑驳的老建筑，一个个停转的老机器，见证和记录着一个时代的变迁。

在荔湾区芳村大道东毓灵桥畔，屹立着一座淡黄色的百年厂房，正门顶部上方刻有"协同和机器厂"的商号，门楣上方雕有灰塑"1922"，代表着厂房所建年代。这里是曾制造出中国首台柴油机的广州协同和机器厂旧址，而今已变身为宏信922创意园。关于它的历史，要追溯到100多年前……

★ 协同和机器厂的老厂房

 地点：荔湾区冲口街方清大道东146号（宏信922创意产业园内）
交通：有19路、52路、64路、202路、206路、217路、309路、990路等多路公交线

机器厂老板"偷师"造出中国首台柴油机

1911年,在机器维修厂工作的技师陈沛霖、陈拔廷因不满老板的苛刻而辞工创业,在芳村大涌口开办了一间"协同和碾米厂",取名"协力同心,和衷共济"之意,主要经营碾米和机器维修。由于两人技术好敢创新,自制的碾米机比当时市场上普遍用的德国货和美国货都好,很快受到同行的关注。第二年,两人与他人合股扩建工厂并更名为"协同和机器厂",专营碾米机制造,由于机器质量好,业务盛极一时,甚至行销国外。

二陈既重视技术革新,敢于同洋货竞争,也有爱国之心,立志推动民族机器工业的发展。当时,广州的航运业逐渐发展,但内河轮船多采用锅炉蒸汽机,机体笨重,船身负荷大,行驶很不方便。二陈认为如能制售柴油内燃机,不但业务大有可为,对广州航运业也大有裨益,为此他们决定"偷师"。陈拔廷有心结识了英商亚细亚火油公司一艘火轮上的"大偈"(机房领班),以晚上上船修理机器为名,偷偷将船上的柴油机拆卸,探究机器构造,并画成草图带回去研究。他们几经摸索修改,终于在1915年试制成功70匹马力的火胆柴油内燃机,成为中国第一台柴油机。有了这件法宝,协同和的发展如日中天,迅速成为当时华南地区生产动力机最早、最大的工厂。1918年,协同和机器厂又研制出船用四缸内燃机,再次轰动当时的全国工商界。

工人党员建党支部领导红色革命

协同和不断发展壮大,工人众多,逐渐孕育出了红色基因。1924年5月1日,在中共广东区委领导下,广州成立了工人代表会和职工运动委员会。职工运动委员会十分重视领导发动大涌口的工人运动,工人出身的中国共产党党员李佩堪受党组织的派遣,到协同和开展工人运动。

李佩堪为人老成持重,技术又好,在大涌口几家工厂中有不少师兄弟。他借助师兄弟情谊,多方走动,串联了渭文、岭南等机器厂工人,发展了李沛群等12名工人为中国共产党党员。1925年冬,协同和机器厂建立

★ 协同和机器厂已变身博物馆

★机器厂建在绿树掩映的毓灵桥边

★ 博物馆展出的老机器

了大涌口党支部，成为芳村地区最早建立党组织的机器工厂，不断传递红色火种。在大革命时期，大涌口党支部为革命事业培训和输送了大批骨干，并领导芳村地区工人群众投身到轰轰烈烈的革命斗争中。

1949年8—9月，中国共产党领导的解放军在全国战场上势如破竹，广州的国民党当局在溃败前企图大肆破坏市政和工业设施。当时社会秩序混乱、盗贼横行、劫案极多，但经过工人们的护厂斗争，协同和机器厂完整无损地迎来了黎明——1949年10月14日的广州解放。

1966年，协同和机器厂改名为广州柴油机厂。经过几代人的开拓与奋斗，广州柴油机厂发展成为华南地区最大的柴油机专业制造厂，不仅是广州著名的老字号企业，也是广州最早的民族工业企业之一。

百年厂房变身博物馆焕发新活力

历经百年风雨后，协同和机器厂当年的主要厂房依然"健在"。毓灵桥边的建筑正是建于1922年的机器车间，其内部以德国钢筋搭建，屋顶是木梁砖瓦，因此得以保存至今。最为难得的是，该旧址还留有若干遗存设备,如底座有"协同和"三字的剪床、英国制造的立车车窗,以及臂长4米的吊机等。

2009年,广州柴油机厂搬迁到番禺区,其旧厂区以租赁的形式进行再开发,宏信922创意园应运而生。创意园打造了一家颇受欢迎的博物馆——协同和动力机博物馆,2015年成为广州市科普教育基地,免费向公众开放。在展馆内,可以看到协同和生产的中国第一台柴油机的模型,还有"镇馆之宝"——1933年美国产的辛辛那提立式机床,这是当时世界上最先进的立式机床。

作为中国近代民族工业发源地之一,广州工业发展史里有众多浓墨重彩的故事,协同和机器厂即是其中重要的一章。在博物馆室外展区,还能看到广州柴油机厂在不同年代生产的各类大型机器,虽然这些带有时代印记的机器永远按下了"暂停键",但其背后的故事仍值得人们不断地挖掘回忆,而广州现代工业的发展也将站在历史巨人的肩膀上不断谱写新的篇章。

★ 协同和机器厂旧址是文物保护单位

★ 百年厂房成为广州工业史的红色记忆

历史链接：

毓灵桥见证百年厂房沧桑

协同和机器厂旧址位于荔湾区芳村大道东毓灵桥北侧桥头，这座历史更悠久的古桥至今屹立不倒，见证了机器厂百年兴衰。毓灵桥横跨大冲口涌，始建于清代中叶，桥名"毓灵"是因历史上此地属钟秀乡，取其"钟灵毓秀"之意。毓灵桥曾是交通要道，北接省佛大道，南通南海平洲，周围市井繁荣，桥两岸店铺林立。中华人民共和国成立后附近修建了芳村大道，该桥才失去了作为交通枢纽的作用。古桥由于年久失修曾严重损坏，1990年秋得以修复。如今，毓灵桥与变身为博物馆的协同和机器厂共同形成了一道亮丽的风景。

党史小百科

7. 什么是党的群众路线？

群众路线是中国共产党长期革命和建设经验的总结，是毛泽东思想活的灵魂的基本方面之一，是党的科学的领导方法，是历史唯物主义的生动体现。群众路线是党的根本路线，这是由我们党的全心全意为人民服务的宗旨所决定的。全心全意为人民服务，密切联系群众，是我们党区别于其他任何政党的一个显著标志。我们党是在与人民群众密切联系、共同战斗中诞生、发展、壮大、成熟起来的。党离不开人民，人民也离不开党。一切为了群众、一切依靠群众，从群众中来、到群众中去的群众路线，是我们的事业不断取得胜利的重要法宝，也是我们党始终保持生机与活力的重要源泉。

裕安围革命老区纪念馆
市郊小村庄走出九烈士

文 / 李元源

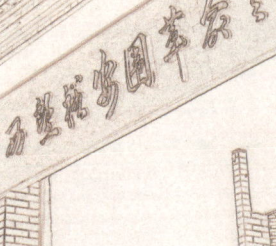

一提到革命老区，人们总会想到崇山峻岭、地势险要的山区，在广州荔湾的闹市里，也隐藏了一个传颂着英雄故事的红色印记——西塱裕安围革命老区。走出西塱地铁站，沿着花地大道南往西南方向走，经过热闹的批发市场，转进临着河涌的一条窄街，抬头就能看到掩映在绿树中的"裕安围"牌坊。牌坊两侧的柱子上刻着一副寓意深刻的楹联："裕溯当年要承先启后；安居今日应继往开来。"这便是裕安围村。大革命时期，这座只有40户人家的小村庄，是有名的红色游击区，涌现出了陈锦生等9名革命烈士。

★ 裕安围革命老区纪念馆前的巨幅党旗

地点：荔湾区东漖街西塱裕安围村裕富街1号
交通：有285路、207路、410路、商务专线4路等公交线、地铁1号线西塱站

小村落曾是广州农运"明星"

20世纪20年代初，中国人民饱受来自帝国主义和军阀、资产阶级的压迫，农民所受之苦尤甚。因此，在国共两党酝酿第一次合作之时，都明确了对农民运动的重视。当时，广州国民政府控制下的市郊以及附近各县因为群众基础好，有着浓郁的革命氛围，裕安围村就是其中的代表。

1924年7月，广州市郊第一区农民协会在芳村谢家祠正式成立，裕安围村第一批加入协会。随后，村里选拔了"优等生"陈锦生、陈秋成二人，到"广东省农协干部训练班"学习。陈锦生凭借优异的表现，在农干班加入中国共产党，成为裕安围第一位中共党员。这一年，裕安围村成立了自己的农民协会，村里各家各户都积极加入党团组织，青壮年们还组成了农民自卫军，先后两次击退企图洗劫村庄的土匪。

九名年轻党员英勇就义

1927年第一次国共合作破裂，12月11日中国共产党发动了广州起义，裕安围农民自卫军也拿起武器投身革命，他们占领了石围塘车站，进入市区狙击敌人，展现出了非凡的革命精神。遗憾的是最后广州起义以失败告终，面对国民党的反扑和对革命人士的搜捕屠杀，裕安围村年轻的共产党员仍坚持开展地下斗争。这群年轻人思想开放，正直正义，在村民心中有很高的威望。

1928年12月3日，是裕安围村民永远无法忘记的黑暗一天。那天，裕安围村突然被几百名敌人包围封锁，16岁以上的男子都被驱赶到村前晒谷场集中。背叛了革命的姚常现场辨认出了陈锦生、梁耀、梁添、梁灿坚、陈秋成、陈巨成、原南、叶佳、郭珠等9名共产党员，他们当场被捕。面对敌人的严刑拷打，9名党员宁死不屈，最终惨遭杀害。牺牲时，年龄最小的陈巨成仅18岁，最大的梁添也只有36岁。

虽然村里的骨干党员全部牺牲，但裕安围人的革命信念更加坚定，他们背负着烈士们的遗愿，战斗的脚步从未停歇。

村民借谷赎人成功营救地下党员

抗日战争时期，裕安围成立统一战线性质的半武装群众组织——抗日俊杰同志社裕安围分社，主动配合广州市抗日游击队第二支队开展抗日武装斗争。在裕安围革命老区纪念馆的陈列中，有这样一组漫画很吸睛，讲述的就是抗日战争时期裕安围老乡冒死保护抗日干部黄友涯的故事。

1939年，地下党组织派黄友涯到裕安围，以学校教员身份为掩护，秘密开展抗日活动。1942年8月14日，由于叛徒告密，有"芳村皇帝"之称的大汉奸唐贵派兵围村，带走了黄友涯。黄友涯被捕后，乡亲们积极设法营救，他们向西关富有人家借谷50担，托人写信给唐贵，说黄友涯只是普通百姓，愿用谷赎人。所幸黄友涯身份没有暴露，最终获释。而这50担

★ 当年的裕安围村已旧貌换新颜

谷由裕安围村民分担，两年才还清。获释当晚，黄友涯与老乡们依依惜别，他鼓励大家说："要坚持斗争，我们一定会胜利！"黄友涯走后，裕安围的干部群众与广游二支队保持联系，继续参与战斗。

中华人民共和国成立后，裕安围村陈锦生等9人被广州市人民政府追认为革命烈士。1997年广州起义70周年之际，村民自建裕安围革命老区纪念馆缅怀先烈；2012年，村委又集资重建了三层高、占地134平方米的新纪念馆，以此铭记这段红色历史。2018年7月5日，西郊裕安围革命老区纪念馆正式揭牌，成为荔湾区第一批"新时代红色文化讲习所"，越来越多的党员群众到此参观、开展活动。

时光如水，一个世纪就这样静静流淌而逝，昔日荒凉的河边小村早已发生翻天覆地的变化，但9位烈士一直活在一代又一代裕安围人的心中。由于当时的历史条件所限，烈士们的遗骨已无法找到，他们生前也没有留下影像资料，我们不知道他们的模样，唯

★ 村民在纪念馆参观

有凭借纪念馆陈列的物品和人们口口相传的故事，想象着英雄的形象，他们大义凛然、坚贞不屈，青春阳光、无所畏惧，正是因为有了他们的挺身而出，一百年前在黑暗中摸索的中国才有了希望。

历史链接：

革命老区成旧城改造典范

20世纪初，广州开展了轰轰烈烈的城中村改造，其中裕安围村属于保护性改造。如今我们可以看到，整治后的裕安围并没有密密麻麻、高耸入云的房子，而是一排排干净整洁的村居。整个改造过程避免了大拆大建，通过拆违建绿、河涌整治、三线下地、雨污分流、打通消防通道、整治村容村貌、发掘村落文化、完善功能配套等8个方面，既保留了古村历史风貌，又实现了村民生活质量的提升。

党史小百科

8. 什么是党的民主集中制原则？

民主集中制由列宁最早提出，就是民主基础上的集中和集中指导下的民主相结合。它既是党的根本组织原则，也是群众路线在党的生活中的运用。《党章》对民主集中制提出了六条基本原则：党员个人服从党的组织，少数服从多数，下级组织服从上级组织，全党各个组织和全体党员服从党的全国代表大会和中央委员会；党的各级领导机关，除它们派出的代表机关和在非党组织中的党组外，都由选举产生；党的最高领导机关，是党的全国代表大会和它所产生的中央委员会；党的上级组织经常听取下级组织和党员群众的意见，及时解决他们提出的问题；党的各级委员会实行集体领导和个人分工负责相结合的制度；党禁止任何形式的个人崇拜。

沙基惨案纪念碑

血染珠江"此日"永毋忘

文／李元源

有人说广州之美，美在奔流的珠江水；珠江之美，美在浪漫的沿江路。漫步在紧邻沙面的沿江西路上，江风温婉拂面，粤海关钟楼的钟声悠扬。人民桥东侧的江畔小广场上，一座庄严矗立的花岗岩石碑映入眼帘，它就像一把利剑划破江边的宁静，诉说着一个不能被忘却的故事。

这座石碑坐西朝东，呈方锥形，上窄下宽，碑正面镌刻着"毋忘此日"四个大字。学过中国近代史的朋友都应该知道沙基惨案，这座石碑就是沙基惨案纪念碑，为纪念1925年发生在珠江之畔的沙基惨案而立。

地点：荔湾区沿江西路与新基路和沿江西路交汇处
交通：有旅游公交2线、109路等公交线路，地铁1号线和6号线黄沙站

声援上海同胞却遭帝国主义炮击

因为特殊的地理位置，广东是中国近代史上最早受到帝国主义侵略和压迫的地区之一，英勇的广东人民在近代中国反帝斗争中也一直是先锋力量。特别是1924年实现国共第一次合作，广东成为反帝反封建的革命根据地以后，广东人民和帝国主义展开了更为激烈的斗争。

1925年的中国饱受帝国主义的经济侵略。上海一家纱厂里，日本工厂主殴打中国工人并枪杀工人代表，激起当地民众极大愤怒。5月30日，帝国主义在上海镇压游行工人，引发"五卅惨案"。消息传到广州后，充满正义的广州工人在6月2日举行了示威大会，声援上海同胞，随后还与香港工人一道掀起了著名的"省港大罢工"。

同年6月23日，参与省港大罢工的工、农、商、学、兵等10万余群众在广州东较场举行市民大会，抗议上海"五卅惨案"，会后举行游行示威。中国共产党领导人陈延年、周恩来参加了游行活动。当游行队伍来到西堤沙基路时，不幸的事件发生了，游行队伍突然遭到沙面租界英国军警的排枪射击，停泊在白鹅

★市民到沙基惨案纪念碑前重温历史

潭的英、法军舰也开炮轰击，毫无防备的游行队伍伤亡惨重，50多人当场死亡，170多人重伤，轻伤者不计其数，史称"沙基惨案"。

广州人李纪麟在《沙基惨案目击记》一书中回忆："当游行队伍进入沙基路时，突然听到西桥'啪啪'两声枪响，继而枪声大作，跟着水塔顶及屈臣氏汽水厂楼上的机枪隆隆向群众扫射，一时东西桥头、新兴大街口、沙基东中约、十八甫南和沙基路面及骑楼底的群众当场中弹倒地者无数……"

修道路建石碑"毋忘此日"

惨案发生后，广州人民的反帝国主义怒火被彻底点燃，以各种形式展开反击。广东国民政府连续两次向沙面英法领事提出抗议，并且提出英法两国向广东国民政府谢罪、惩办相关官员、赔偿死难学生工人等五项正义的要求，但都被英法领事拒绝。1925年7月11日，广州10万民众举行沙基烈士公祭活动。中共广东区委发表《对于广东时局宣言》，敦促广东国民政府改革成为坚决与帝国主义斗争到底、谋求民族解放的革命政府。

省港罢工委员会也号召工人努力奋斗、坚持到底。1925年下半年，工人大力发挥纠察队作用，在不影响华

★ 1925年6月23日，游行队伍接近沙面西桥口时的情景（资料图片）

★ 纪念碑虽是重建，但"毋忘此日"誓言永不会忘记

商贸易的前提下封锁香港继续罢工，严重打击了帝国主义在华经济，割裂了其与国内反动势力的联系。

一年后的1926年6月，广州国民政府决定将沙基路改筑马路。为纪念遇难同胞、铭记历史和教育后代，遂将这条路命名为"六月二三路"，后改为"六二三路"，同时在人民桥东侧珠江河畔竖立了刻有"毋忘此日"的纪念石碑。

纪念碑因城市发展数次移位

其实今天我们看见的沙基惨案纪念碑并不是"原版"。中华人民共和国成立后随着城市发展及交通设施扩建的需要，这座纪念碑曾几次移位。2001年1月，人民桥扩建工程完成，广州市人民政府依照1926年的纪念牌原貌，在沿江西路人民桥的东侧重建沙基惨案纪念碑。2014年，沙基惨案烈士纪念碑被评为广州市爱国主义教育基地。

纪念碑虽然数次移位，但是镌刻于碑上的历史广州人民从不曾忘记。每年6月23日，沙基惨案纪念碑前都会举行缅怀活动致敬先辈革命精神，很多年轻人在此了解历史过往，石碑虽然无言却始终提醒着人们，只有勿忘历史才能更珍惜现在。

历史链接：

中大校园内也有沙基惨案见证建筑

广州人纪念沙基惨案的建筑还有一处在中山大学校园里，是一座名叫"惺亭"的纪念亭，因为沙基惨案的牺牲者不少是大学生。惺者，醒也，有醒悟与清醒之意，古诗有云"一声寒雁叫，唤起未惺人"。一碑一路一亭（石碑、六二三路、惺亭）时刻警醒人们，毋忘国耻，奋发图强，不要让先辈的鲜血白流。

★ 石碑代表着不会被忘却的历史

党史小百科

9. 党的建设必须坚决实现哪些基本要求？

第一，坚持党的基本路线。全党要用邓小平理论、"三个代表"重要思想、科学发展观、习近平新时代中国特色社会主义思想和党的基本路线统一思想，统一行动，并且毫不动摇地长期坚持下去。第二，坚持解放思想，实事求是，与时俱进，求真务实。第三，坚持全心全意为人民服务。第四，坚持民主集中制。第五，坚持从严管党治党。

文德楼
广州最浪漫的红色史迹

文 / 吴瑕

革命恋人飞鸿数载终在羊城完婚

坐落于越秀区文德东路的文德楼，是广州老城区一栋隐于闹市的精致小楼。从外表看，这座沧桑老楼似乎并无特别之处，但居住在这里的街坊独以它为荣。

文德楼建于20世纪初，最初的主人已无法考证，它闻名于世是因为与中国共产党的领导人周恩来、邓颖超有一段"不解之缘"。80多年前，这对革命伴侣新婚安家于这栋小楼，从此携手开始了长达半个世纪相濡以沫的人生路。文德楼因此成为广州最浪漫的红色史迹之一，每天都有人慕名而来询问总理旧居，附近的街坊总会格外热情地指路。

地点： 越秀区文德东路25—27号
交通： 有128路、57路、、544路、4路、208路等多条公交线，地铁1号线和2号线公园前站

周恩来和邓颖超广州喜结良缘的故事，多年来一直被广州人引为佳话。周恩来与邓颖超革命时期的爱情，现在看来仍颇具浪漫色彩。他们相识于1919年五四运动。当时，从日本留学归国的周恩来在天津学生界已很有名气，而在北洋直隶第一女子师范学校读书的邓颖超是"女界爱国同志会"的讲演队长，在爱国救亡活动中，他们相识并彼此留下良好印象。

一年后，周恩来赴法国勤工俭学，邓颖超则到北京师大附小担任教员。纵然云山万重，仍无法阻挡两颗相知的心，他们鸿雁往来，在书信中互诉衷情。

1924年9月，周恩来回国到广州工作。在组织的关怀下，1925年8月初，邓颖超只身从上海来广州与周恩来相聚。当时中共广东区委正全力组织省港大罢工，周恩来因为工作繁忙实在无法抽身去迎接邓颖超，只好委托陈赓拿着照片去接人。然而，在天字码头拥挤的人群中，全神贯注守候的陈赓还是与邓颖超失之交臂，没有接到人。正当他心怀内疚地回到周恩来住处时，邓颖超也几乎同时抵达。原来，在拥挤的天字码头，邓颖超提着手提箱，左顾右盼找不到周恩来，只好照着通信地址雇了一辆人力车径自找了过来。

相恋六年，离别五载，这对志同道合的革命恋人最终在羊城结为伉俪。1925年8月8日，周恩来与邓颖超正式结婚。二人结婚当天，中国共产党的创建人之一张申府，在北京路太平馆请这对新人及一众好

友吃饭，祝贺他们新婚之喜，参加"婚宴"的有不少国共两党名人，如邓演达、何应钦、张治中、恽代英、陈赓、李富春和蔡畅等。宴席上，邓颖超讲述了两人相识相爱的故事，还背了周恩来写给她的一首诗，而周恩来则为不胜酒力的妻子代酒，喝了整整三瓶白兰地。

婚后，周恩来夫妇从中共广东区委搬到了文德东路文德楼3号二楼，房间用屏风间隔而成，周恩来夫妇住前室，房间的陈设很简单，除床、几把椅子和办公桌子外，只有两箱衣服和两箱书籍。

文德楼当年成为多位要人居住地

文德楼由五幢三层高、风格统一的老房子组成，为近代带阳台的"洋楼"式建筑，坐南朝北，钢筋混凝土结构，红砖墙，入口处有拱券式门楼，屋顶有天台及女儿墙。当时，租住此楼的还有李富春夫妇等中共广东区委主要同志。据史料记载，当时选择文德楼作为主要领导同志的住所，主要出于方便和安全两个因素的考虑：此处离文明路的中共广东区委、万福路的中共广东区委军委以及沿江路的黄埔军校广州办事处都很近，而且周围比较安静，路口原来还有一座更楼，比一般民居更具安全性。

★ 当年新婚的周恩来、邓颖超就住在二楼

1999年，文德楼被广州市人民政府列为市级文物保护单位，如今楼内仍有人居住，伸出外墙晾晒的衣物和坐在门口乘凉的街坊，都透着市井生活的浓郁气息。但现屋主已经迁居外国多年，二楼的周恩来旧居已多年大门紧闭，无人居住。

从1924年至1927年，周恩来担任中共广东区委的负责人和黄埔军校政治部主任，在广州留下了不少印记。文德楼因承载着周、邓伉俪的革命情缘这一段历史被后人铭记。

★ 文德楼外观

★ 文德楼依然有人居住

历史链接：

周邓新婚设宴广州首家西餐厅

1925年8月，周恩来与邓颖超在广州结婚，并在住所文德楼附近北京路的太平馆西餐厅举办了简单的婚宴。太平馆西餐厅创建于清朝光绪十一年（1885），是广州第一家西餐厅，百余年来见证了广州西餐业的兴起和发展。中华人民共和国成立后，周恩来总理两次光临太平馆，并建议其扩大经营。在总理的关怀下，太平馆两度扩张形成了今天的规模，2000年成为广州首批老字号。如今，太平馆里仍悬挂着周总理伉俪当年的照片，许多人慕名而来品尝"总理套餐"。

党史小百科

10. 什么是中国共产党领导的多党合作和政治协商制度？

中国共产党领导的多党合作和政治协商制度是有中国特色的社会主义政党制度。中国共产党是社会主义事业的核心力量，是执政党。各民主党派是各自所联系的一部分有中国特色社会主义事业的建设者和爱国者的政治联盟，接受共产党的领导，是共产党的友党、参政党。中国共产党和各民主党派之间实行的是"长期共存、互相监督、肝胆相照、荣辱与共"的方针。民主党派的主要作用是政治协商、参政议政和民主监督。在我国实行中国共产党领导的多党合作和政治协商制度，有利于加强社会主义民主政治建设；有利于团结一切可以团结的力量；有利于加强和改进党的领导。

中华全国总工会旧址
全国工人运动的指挥中枢

文 / 张玉琴

提到中国工人运动中罢工时间最长的当数省港大罢工了，共持续了1年4个月，你知道这么长时间的大罢工是谁指挥的吗？在越秀区越秀南路有一座鹅黄色外墙的庭院，与周边的建筑风格截然不同，这便是中华全国总工会旧址——惠州会馆。近百年前，作为全国工人运动的领导中心，省港大罢工就是在这里运筹帷幄的。

广州成立中华全国总工会

越秀南路89号的院子是全国重点文物保护单位，大树掩映下的拱形大门下方有一块红底的牌匾，上书"中华全国总工会旧址"。

进入大门，迎面而建的是一座两层带地下室的砖木结构西式洋房，外墙为鹅黄色，间以白色饰线。正面和南面均有塔司干式柱廊、拱形及圆形窗，正上方有额书"惠州会馆"四字。该建筑建于清末民初，由当时的惠州富商所建，故称惠州会馆。

1925年5月1日，在中国共产党领导下，第二次全国劳动大会在广州召开，建立了中国工人阶级全国统一的工会领导机关——中华全国总工会（简称全总），制定和通过了中华全国总工会章程，选举林伟民、刘少奇为正、副委员长，创办了机关刊物《工人之路》。中国工人从此有了全国统一的组织。

 地址： 越秀区越秀南路89号
交通： 有7路、24路、35路、36路、65路等多条公交线，地铁6号线团一大广场站

第一次国内革命战争时期，中国共产党大力发展工会组织，创办工人学校培训工人干部，全总成为领导全国工人运动的指挥部，在统一组织广东和香港的工人运动、支援国民政府统一广东革命根据地和北伐战争等方面做出了不可磨灭的贡献。

1925年5月30日，上海发生震惊中外的五卅惨案。消息很快传到广州，全总等六个团体在广东大学操场举行了援助沪案示威大会，有万余人参加。随后全总开始筹划省港大罢工，当年6月上旬中共广东区委以中华全国总工会名义派代表赴香港联系和发动香港工人罢工，6月19日省港大罢工爆发，在历时1年4个月后取得胜利。

全总旧址变身纪念馆

惠州会馆曾是国民党中央党部的办公场所，1925年9月底国民党中央党部迁往他处，10月，中华全国总工会从大德路迁进惠州会馆办公。大楼首层由广州工人代表大会使用，全总各部门的办公室集中在二楼，

★中华全国总工会旧址曾是惠州会馆

会议室、宣传部、监察委员会居中，组织部、秘书处和刘少奇的办公室靠南，宣传教育委员会靠北，各办公室都是以木板间隔开的。省港大罢工后成立的香港总工会也在此办公。

国民革命军攻占武汉后，为适应新的革命形势，1927年2月，全总北迁汉口，惠州会馆的办公地改为中华全国总工会广州办事处。中华人民共和国成立后，广州市政府多次拨款对旧址进行修缮，1959年10月作为纪念馆向群众开放。"文化大革命"期间，纪念馆被迫关闭，旧址亦遭到破坏。1984年，政府再次拨款对旧址进行全面修缮，并于1985年5月1日全总成立60周年纪念日重新开放接待群众参观。

革命家廖仲恺在惠州会馆遇害

来纪念馆参观的人们还能看到在院子里竖立的"廖仲恺先生牺牲处纪念碑"和"工农运动烈士纪念碑"，这是为什么呢？

原来，全总迁入惠州会馆前两月，国民党中央执行委员廖仲恺先生在这里遭暗杀遇害。1925年3月孙中山先生逝世后，国民党左派领袖廖仲恺继续贯彻孙中山的"三大政策"，引起国民党右派分子的极端不满。8月20日上午，廖仲恺、何香凝等人乘车到达当时还是国民党中央党部的惠州会馆。下车后，廖仲恺的4个卫兵先进入大楼，廖仲恺紧随其后刚迈上石阶，埋伏在附近的凶手突然从多个方向向他开枪，最终廖仲恺身中4枪倒在血泊中。廖仲恺的夫人何香凝因下车后碰到妇女部同志就停下来谈了一会儿话，避过了暗杀。

1926年5月，中国第三次劳动大会在院子的北侧立碑纪念廖仲恺先生，碑原名为"廖仲恺先生纪念碑"，后被毁坏。目前的这块碑是1982年重建并改名为"廖仲恺先生牺牲处纪念碑"，碑名由叶剑英题写。

历史链接：

越秀南路一带曾是繁华之地

民国时期在拆城建路之时，今越秀北路因北接越秀山，故名越秀北路。越秀南路在拆建成路时，因在越秀北路、越秀中路的南端，故而得名。中华人民共和国成立前后，越秀南路、广九路、白云路一带，既有省汽车站，又有火车站，过路旅客多，是小食店的汇聚地，绵延60多家，经营粥品、面食、甜品、凉茶等，十分热闹。

党史小百科

11. 什么是党风建设中的"八个坚持，八个反对"措施？

2001年9月，中国共产党十五届六中全会审议通过了《中共中央关于加强和改进党的作风建设的决定》，针对目前党的作风建设中存在的比较突出和严重的问题，提出了"八个坚持，八个反对"的纠正措施，即："坚持解放思想、实事求是，反对因循守旧、不思进取"；"坚持理论联系实际，反对照搬照抄、本本主义"；"坚持密切联系群众，反对形式主义、官僚主义"；"坚持民主集中制，反对独断专行、软弱涣散"；"坚持党的纪律，反对自由主义"；"坚持艰苦奋斗，反对享乐主义"；"坚持清正廉洁，反对以权谋私"；"坚持任人唯贤，反对用人上的不正之风"。

广东省农民协会旧址
广东80万农会会员的"大脑"

文/吴瑕

位于广州市越秀区中山四路的农讲所，是闻名全国的红色遗址，因1926年毛泽东同志在此主持第六届农民运动讲习所而得名。但你知道，之前几届农民运动讲习所在哪里举办的吗？第三、四、五届农讲所的举办地其实离此不远，就是数百米外的另一处大院——今东皋大道礼兴街6号。

走进东皋大道的历史建筑群内，一座米黄色的欧式花园建筑甚为瞩目，在大革命的峥嵘岁月里，这里曾经是广东80万农会会员的战斗指挥部——广东省农民协会的所在地。彭湃、阮啸仙、毛泽东等中国共产党人曾在这座小楼里为中国农民革命运动培养了一大批骨干力量。

★旧址已成为越秀区廉洁文化教育馆

省农协连续举办3届农讲所

广东省农民协会旧址原来是广州商团副团长、大地主陈恭受的花园别墅，总建筑面积为2500平方米。大楼由两层前楼、三层后楼连成一体彼此相通，砖木结构，当中有一个小天井，整幢楼宇颇为豪华气派。楼前原为花园，现已成为宽敞的广场。

1924年10月，以孙中山为首的国民革命政府，在镇压了商团叛乱后将此楼没收充公。同年7月，在国共两党的努力下，国民党中央农民部在广州创办了农民运动讲习所。1925年1月，广州农民

地址：越秀区礼兴街6号
交通：有1路、76路、93路、102路、108路等多条公交线

★越秀区廉洁文化教育馆外观

运动讲习所从越秀南路迁来这里，连续办了第三至第五届。

广州农民运动讲习所是为培养农民运动骨干人才，唤起农民觉悟的革命学校。从1924年7月到1926年9月共开办了6届。彭湃、罗绮园、阮啸仙、谭植棠、彭湃先后任第一至五届主任，毛泽东任第六届所长。学员由最初的广东省内扩展到来自全国各地，他们在1到4个月的时间里要接受革命理论、军事训练、社会实践等方面的教育，毕业后回到原籍发动民众进行反帝反封建斗争，为中国革命做出巨大贡献。其中，在广东省农民协会旧址开办的第三至五届，共培养学生300多名。

根据史料记载，当时，前楼首层大厅是农讲所礼堂兼大课堂；礼堂的东西两侧和三楼是学员的宿舍；后楼首层是饭堂；前后楼的二楼相通，整层是办公室和会议室。1979年这里被定为广东省文物保护单位。据文物专家考据，除了前楼楼梯曾被改动外，这里基本保持了90多年前的原貌。

省农协指挥80万农会会员闹革命

1925年5月1日，在中国共产党的领导下，广东省第一次农民代表大会在广州召开，成立了广东省农民协会，发布《广东省农民协会宣言》，选举产生广东省农民协会执行委员会，制定省农民协会新章程，统一了农会的名称和旗帜。广东省农民协会的办公地点就设在这里，大楼前挂有"广东省农民协会"横匾。

广东省农民协会设干事局（后改为常委）作为常设机构，下设秘书、宣传、组织、经济、军事等5个部，以阮啸仙、彭湃、罗绮园、周其鉴、蔡如平等5人为常务委员。广东省农民协会的办公室设在二楼。当年，阮啸仙、彭湃、周其鉴等经常在此办公，指导各地农民运动的开展。1925年10月，毛泽东在第五届农讲所任教时曾在二楼东面的小房间办公、住宿。

1926年8月，第二届全省农民协会执行委员会扩大会议在此召开，瞿秋白代表中共中央参加会议。这次会议对进一步推动全省农民运动的开展和支援北伐战争起着重要作用。广东省农民协会自成立后至1927年"四一二"反革命政变前，以此为大本营，率领全省农民干出了一番惊天动地的事业。

近年来，为了保护文物、特别是发挥红色遗迹的教育作用，做好党风廉政建设，广州市政府决定在这里建立越秀区廉洁文化教育馆。经过近两年的维修加固和陈列布展，2017年11月，越秀区廉洁文化教育馆正式开馆向公众开放，成为广州首个以廉洁文化为主题的教育馆。该馆运用实物摆设、图片展览、文字说明、情景再现、观展互动等多种表现手法展示古代廉洁人物事迹，展现当代党风廉政建设取得的成果，成为广州廉洁文化教育的一张名片。

★展馆内文字图片、实物和雕像等内容丰富

★展馆内人物雕像和图片展板

警示

★巨大的反腐雕塑令人警醒

历史链接：

六届农讲所曾三易办学地

农民运动讲习所是大革命时期国共两党合作创办的培养农民运动骨干的学校。从1924年7月至1926年9月，在广州举办了第一至六届农民运动讲习所。第一、第二届的所址在广州的惠州会馆（现越秀南路93号），第三至五届所址则为逾东皋大道1号的广东省农民协会旧址。第六届农讲所移至番禺学宫举办，由毛泽东担任所长，是规模最大、持续时间最长的一次办学。

党史小百科

12. 什么是党的"四个服从"纪律要求？

"四个服从"是党的民主集中制原则的重要内容之一，是党的纪律建设的核心内容，是在六届六中全会上首先提出来的。它的具体内容是：党员个人服从党的组织；少数服从多数；下级组织服从上级组织；全党各级组织和全体党员服从党的全国代表大会和中央委员会。四个服从既反映了民主，又体现了集中，是党内生活秩序的总概括，是正确处理党内各种关系的基本准则，其实质是少数服从多数，其核心是全党各级组织和全体党员服从党的全国代表大会和中央委员会。七大以后的历届党的代表大会通过的党章中，都强调了这一组织纪律原则，并不断加以补充、发展和完善。

新亚大酒店
曾是工人阶级最高学府

文/黄绮媚

你到过越秀区珠江北岸的人民南路吗？这条路在解放前曾是广州最繁华的骑楼商业街，当时街道两边密密麻麻的酒店茶楼、百货公司、电影院……令人目不暇接。虽然随着城市中轴线的逐渐东移，人民南路早已不复20世纪的辉煌，但屹立在这条路上的新亚大酒店直到今天仍是让老广们津津乐道的传奇。你想知道其中的故事吗？那得从20世纪20年代说起。

地址：越秀区人民南路12号
交通：有4路、31路、38路、61路、106路 等多条公交线

★ 新亚大酒店曾是长堤上的"一枝独秀"

华侨兴建西堤"南华第一楼"

20世纪20年代,一批批华侨归国探亲时发现,广州这座千年商都蕴藏着巨大的商业潜力,美国归侨冼锡鸿、张椿荣、莫超福、钟振川与澳大利亚归侨梁基、黄培及培正中学教员冯达纯等人,因此合办南华置业股份有限公司,筹集归侨们手上的侨汇,选址当时最繁华的太平南路西壕口(现在的人民南路靠近珠江一带)投资兴建两座30米高的大楼,分别命名为南华楼、嘉南堂(东楼和西楼)。

南华楼落成于1925年,邻近珠江口岸,气势恢宏,堪称当时中国最豪华的骑楼建筑,矗立在周围一片岭南传统民居中格外引人注目,当时人们称赞它为"一枝秀艳出长堤"。

最初,南华楼是按写字楼的格局设计建造,即将建成时股东们认为,西堤邻近码头,客商往来频繁,但周边大型酒店不多,兼营中、西餐的酒店更是凤毛麟角,因而提议将南华楼从写字楼改为酒店,于是1927年有着"南华第一楼"之称的南华楼摇身一变成为新亚大酒店。

而在南华楼变身前,这里曾是中国共产党创办的第一所工人大学的教学点,成为中国共产党培养大批革命事业骨干的摇篮之一。

第一所工人大学"藏身"南华楼

1925年6月19日,为支援上海人民因"五卅惨案"而发起的反帝爱国运动,广州和香港爆发了规模前所未有的省港工人大罢工运动,当时香港10万工人聚集广州,连同广州的25万名工人,汇聚成了巨大的罢工浪潮。

1926年4月,随着省港大罢工运动的深入开展,为了提高罢工工人的政治素质,提升他们的学识、增加斗争经验,中华全国总工会和省港罢工委员会决定创办一所以培养高级工人运动人才为目标的工人大学——劳动学院。

劳动学院是中国共产党创办的第一所工人大学,主要招收革命队伍中的工会领导干部,学习的课程有世界职工运动、中国职工运动、三民主义浅说、中国民族革命运动等。刘少奇、邓中夏曾称誉劳动学院为"工人阶级的最高学府"。

1926年6月28日,劳动学院第一期学员培训班在中

★ 新亚大酒店时至今日仍然很有气势

华全国总工会（越秀南路53号）举办，共招收190多名学员，中共领导人邓中夏、刘少奇、瞿秋白作为教员曾为学员们讲课。

同年10月25日，第二期开班时，学员人数比第一期增加近100人，原来上课的地方不够用，于是学校搬迁到位于人民南路的南华楼4楼。刘少奇多次前往南华楼授课，为学员讲解他起草的《工会组织法讲义》，这是中国工人运动史上第一次系统阐述工会组织的理论。

次年4月12日，劳动学院第三期继续在南华楼开班授课。但由于蒋介石在上海发动"四一二"反革命政变，广州在两天后发出了"紧急戒严令"，反动军队开始大肆搜捕共产党人和革命进步人士。到15日，由于有1000多人被反动军队抓捕，劳动学院被迫中止办学。

虽然这个"工人阶级的最高学府"只举办了短短三期，但它为中国革命事业培养了大批工人领袖和党的骨干力量。南华楼（新亚大酒店）曾作为这个学府的根据地，默默奉献红色力量，其功绩也被永远写进史册。

★ 这里曾是中国共产党创办的第一所工人大学的教学点

★ 新亚大酒店曾是长堤上的"一枝独秀"

历史链接：

人民南路原名太平南路

　　新亚大酒店所在的人民南路，清代是广州西城墙，附近有一条打铜街，店铺多以打铜为业，由于经常发生火灾，居民为了有好意头将街名改为太平街。

　　民国以后广州大拆城墙，最先就是从西门开始的，因为西关是商业中心，打通这里的道路有利于扩大商业中心的范围。但西关绅商强烈抵制，他们认为西关是商人的传统地盘，城墙一旦拆掉，各方势力必然乘虚而入。政府拆城筑路的决心已下，不容任何人阻挠。后来西城墙被夷平，城基辟为马路，1921年定名为太平路，1966年改为人民南路。

党史小百科

13. 什么是共产党的三大优良作风？

　　三大优良作风是指理论与实际相结合的作风、与人民群众紧密地联系在一起的作风，以及批评与自我批评的作风。它是毛泽东在党的第七次全国代表大会上做的《论联合政府》政治报告中总结概括出来的，是中国共产党在长期的革命斗争中形成的优良作风，是中国共产党同其他政党相区别的显著标志。理论和实际相结合的作风，就是把马克思列宁主义的基本原理同中国革命的具体实践相结合，从实际出发，实事求是的作风。密切联系群众的作风，是指党的各级组织和党员干部要和党内外的群众结合在一起，密切党和人民群众的关系，一切为了群众，一刻也不脱离群众。批评与自我批评是正确处理和有效地解决党内矛盾，克服缺点，纠正错误的科学方法。

广州起义纪念馆
中国第一个城市红色政权在这里诞生

文/郭仲然

提起"中国工农红军",大家一定耳熟能详,你知道这个名称的诞生之地就是广州吗?广州起义路是一条有着百年历史的老路,其路名与90多年前中国共产党领导的一场武装起义有关,而位于起义路200号之一的广州起义纪念馆,就曾是起义建立的"广州苏维埃政府"所在地,门口挂着"广州公社旧址"的牌匾,铭记着那次伟大的起义,它是中国民族解放运动中建立的第一个城市红色政权,被誉为"东方的巴黎公社"。

地点:越秀区起义路200-1号
交通:有6路、14路、29路、64路、104路等多条公交线;地铁2号线公园前站

广州起义路前身叫维新路,建于1919年,因是拆建清代衙门抚台、按察司等旧建筑辟路而成,因此取名维新路,带有"维新变革"之意。其北起清代旧巡抚署(今人民公园),南至珠江江岸,是当年广州城区最宽阔的马路之一。1948年,维新路改名中正路。1950年,复名维新路。1966年,因路旁有广州起义中诞生的广州苏维埃政府旧址,改名为广州起义路,沿用至今。

广州起义路200号之一(原维新路100号)的广州起义纪念馆所在地,几百年来一直是重要的官署办公地,在明代是指挥都司署,

★这里曾是中国第一个城市苏维埃政权诞生地

清代中期改为广东督粮道署,管理粮运事务,国民政府时期是广东省立公安局。1927年,中共广东省委在广州发动武装起义后,这里成为苏维埃政府——广州公社所在地。

广州起义提前举行　敌强我弱惨遭失败

说起当年广州起义的过程,可谓跌宕起伏。1927年12月,国共合作领导的大革命遭到惨重失败,为了挽救党、挽救革命,中国共产党在广州领导工人、农民和革命士兵举行了反抗国民党反动派的武装起义,并建立苏维埃政权。

广州起义原定于1927年12月12日进行,但由于计划泄露,敌人对全城实行戒严,并调动在外地的主力部队赶回广州,镇压危险迫在眉睫,在此紧急关头,中共广东省委决定提前于11日凌晨举行起义。

11日,起义的枪声响起后,广州起义军迅速占领大半广州,宣布苏维埃政府成立,把办公地设在维新路的广东省立公安局内,这是当时中国第一个在城市宣布成立的苏维埃政府,并通过了苏维埃政府政纲和苏维埃政府领导人员名单,发布了《广州苏维埃宣言》《告民众书》,以及有关法令。更值得一提的是,起义领导机关在发布的

★展览展出了大量实物和图片史料

★ 纪念馆内的展览详实介绍广州起义的光荣历史

《红旗号外》中宣布组织"工农红军",并在战斗中打出"工农红军"的旗帜,这是中国共产党首次打出"工农红军"的名称。

广州起义震惊了中外反动派,他们立即勾结起来向广州反扑。沙面租界的美、英、日、法等国纷纷公然实行武装干涉,出动炮舰轰击广州市区,并一度派海军陆战队在长堤登陆攻击起义部队。因敌强我弱,起义军伤亡惨重,起义最终失败,主要领导人张太雷不幸牺牲,指挥将领叶挺和叶剑英撤离广州。

起义标志红布带成被屠杀"证据"

广州起义涌现出了许多可歌可泣、英勇悲壮的故事。起义前,总指挥部决定凡是参加起义的人员一律佩戴红布带以便识别。但因为起义时间提前,佩戴用的红布带准备不足,很多参加起义的军民便买了白布回来染红系在脖子上作为标记。起义期间,广州遇上阴雨天气,红布带见水褪色,很多起义军民的脖颈和手腕上都留下了红印。

于是,一条小小的红布带,在起义中是最光荣的标志,却在起义失败后成了被屠杀的"证据"。在此后几天里,国民党对全城进行清洗,凡有红布带印痕者皆被杀害,广州城内一度血雨腥风,5700多名共产党员和革命群众惨遭杀害,烈士们大多未留下姓名,甚至尸骨无存。

起义人员工人赤卫队第一联队第一大队中队队长杨馨坤撤退时,在苏维埃政府的会场撕下了几条标语,抓了一条红布带藏进口袋里,最终冲出敌人围截,回到了家乡英德宿山。他将标语和红布带装进一个陶埕里,用瓦盆覆盖,秘密埋在山岗里。1959年其亲人挖出陶埕献给国家。目前,这条珍贵的红布带就保存在广州起义纪念馆内。

现今的广州起义纪念馆,基本保留了广州苏维埃政府大院的格局,分为北、中、南三个部分,北楼是工农红军指挥部旧址,中楼是广州苏维埃政府办公楼旧址,南楼是警卫连连部和库房旧址。当年起义爆发后,总指挥张太雷、工农红军总司令叶挺、副总司令叶剑英等领导人均在此办公,指挥战斗。如今馆内展览面积约900平方米,以150多件珍贵的文物资料和350多张历史图片,完整地展示了广州起义的过程,引导、带领人们重温那段血染广州的岁月。

★ 这里已成为新时代红色文化讲习所

历史链接：

"工农红军"的诞生

广州起义虽然失败了，但它的历史意义是深远的，它同南昌起义、秋收起义一样，是中国共产党独立领导革命战争和创建人民军队的伟大开端。南昌起义时，中国共产党的部队沿用"国民革命军第二方面军"名称；秋收起义时，部队使用"工农革命军"名称。广州起义中首次打出了"工农红军"的旗号，并迅速传遍全国。1928年5月25日，中共中央决定全国各地工农革命军正式定名为"红军"。

党史小百科

14. 中共二大的重大成果是什么？

1922年7月16日至23日，中国共产党第二次全国代表大会在上海举行。出席大会的代表12人，代表全国195名党员。大会通过了《中国共产党第二次全国代表大会宣言》《中国共产党章程》等9个决议案，通过中国经济政治状况的分析，揭示中国社会的半殖民地半封建性质，指出党的最高纲领是实现社会主义、共产主义，但在现阶段的纲领即最低纲领是：打倒军阀；推翻国际帝国主义的压迫；统一中国为真正的民主共和国。中共二大在近代中国革命历史上第一次提出明确的反帝反封建的民主革命纲领，指明了中国革命分两步走，为日后的革命斗争指明了基本方向，对中国革命具有重大深远的意义。

广州起义观音山战斗遗址
工农红军血染全城制高点

文/李丹

同学们，你们去过越秀山吗？越秀山，作为羊城的一张名片，对于广州人而言再熟悉不过。你可知道越秀山还有另一个名字叫观音山？这是因为明朝永乐年间山上建有观音阁而得名。

　　越秀山上不仅有我们耳熟能详的镇海楼、五羊塑像等名胜古迹，在镇海楼旁还隐藏着一处鲜为人知的红色记忆——观音山战斗遗址，这也是现在唯一一处保留着"观音山"之名的地方。90多年前，这里曾发生过一场硝烟弥漫的生死激战，血染山坡，可歌可泣。

地点：越秀区解放北路越秀公园内
交通：有109路、110路、111路、201路、886路等多条公交线，地铁2号线越秀公园站

广州起义：一夜占领广州成立苏维埃政权

广州的山地属于低山，越秀山的主峰越井冈海拔只有70多米，已算是广州的高地。越秀山同东北面的白云山构成了广州城北边的屏障，因而这里自古以来便是兵家必争之地。

1927年，中国共产党继南昌起义、秋收起义之后，领导并发动了震惊中外的广州起义。12月11日凌晨，起义的枪声打响。由于观音山可瞰制全城的重要地理位置，成为起义军锁定的攻占目标。打出"工农红军"旗号的起义军迅速解除了驻守观音山的敌军武装，控制了这个全城的制高点，并以镇海楼为中心，沿着明代城墙遗址在东西两线构筑工事，抵御国民党军队的反扑。

兵贵神速，一夜间起义军占领了珠江北岸的大部分地区。11日早上六时，起义军在占领的广东省立公安局办公大楼上竖起了绣着锤头镰刀的大旗，大门上悬挂出了"广州苏维埃政府"的横额，中国第一个城市工农民主政权——"广州公社"诞生了！

观音山保卫战：赤卫队誓守全城制高点

广州起义的爆发令国民党猝不及防，蒋介石立即急电广东各派军阀"捐弃前嫌，协平共乱"。当局陆续纠集军队镇压起义，电令驻韶关、佛山等地的外围部队迅速向广州靠拢、增援；驻扎在陈家祠的国民党部队伺机向观音山反扑。观音山保卫战就此打响，工农红军与国民党军队展开了激烈的拉锯战。

12月11日下午，国民党张发奎部从大北直街向观音山进攻，逼近起义指挥部。时任工农红军副总司令的叶挺当即指挥起义部队迎击敌军，将其赶到观音山以北，

越秀山上的红色革命遗迹

重新夺回全城制高点。随后，又有大批国民党军队从四面八方赶来，对观音山发动了10多次轮番进攻，均被起义军击退，但战斗十分惨烈，起义军伤亡严重。

12日午后，广州起义总指挥张太雷意外遇袭牺牲，鉴于敌我力量悬殊，起义军选择撤离广州。当晚，尚未接到撤退命令的工人赤卫队在10多倍于自己的敌军猛烈攻击下，仍坚守观音山阵地，同敌人做殊死战斗。在弹尽粮绝的情况下，工人们就用石头砸，石头砸光了，就赤膊上阵，用拳头揍，用牙齿咬。负了伤的工人赤卫队大队长石喜抱着一个冲上阵地的敌兵，一起滚下山崖，壮烈牺牲。还有许多工人在此次战斗中献出了宝贵的生命，他们的鲜血染红了观音山的山林土地。

★越秀山上的红色革命遗迹。

旅游点：红色之旅追寻"广州起义"故事

时隔90多年，曾发生过血战的观音山已然变身成为综合性的休闲旅游公园——越秀公园。当年的战场已是绿树成荫景色秀美，找不到什么激烈战斗的痕迹，只有山坡上竖着的一块"观音山战斗遗址"纪念碑，无声地告诉来晨练的人们这里曾经发生的故事。

2019年5月，中共广州市委宣传部联合广州市文化广电旅游局推出了6条广州红色旅游精品线路，其中一条"广州起义"红色之旅线路，就包括了广州起义纪念馆、观音山战斗遗址、广州起义烈士陵园、广东革命历史博物馆（广州近代史博物馆）等红色遗迹。

如今，经常有中小学团体踏上这条红色之旅，重温红色历史，缅怀革命先烈。虽然当年广州起义不幸失败，但正因为有那些在越秀山麓、珠江河畔抛头颅、洒热血的烈士们奉献牺牲，才有今天我们在青山绿树下的"乘凉"。观音山翠绿背后的那片"红"，将永不褪色。

历史链接：

从越秀山到越秀公园

广州起义观音山战斗遗址所在之处，就是现在的越秀山。越秀山以西汉时南越王赵佗曾在山上建"朝汉台"而得名，因建过观音阁又名观音山。历代"羊城八景"无一例外地把越秀山作为重要的景区列入。这座有深厚文化底蕴的名山现在成为越秀公园的主体。民国时期，孙中山先生提出要把越秀山建成一座大公园，广州解放后这一构想得到了实现。越秀公园是广州最早的公园之一，也是广州规模最大的综合性公园，如今，越秀公园自然风景优美，还保存了各种历史文物和遗迹，成为市民休闲娱乐凭古的好去处。

党史小百科

15. 第一次国共合作是如何形成的？

1923年6月，中共三大确定了共产党员以个人身份加入国民党，以实现国共合作。在中国共产党的推动下，1924年1月，在孙中山主持下，中国国民党在广州举行第一次全国代表大会，通过新三民主义宣言，确定联俄、联共、扶助农工的三大革命政策，选出国民党中央执行委员会，共产党员李大钊、谭平山、毛泽东、林伯渠、瞿秋白等10人当选为中央执行委员会委员或候补委员，约占委员总数的25%，并有多名共产党员在国民党中央领导机构中担任重要职务。第一次国共合作正式建立，由此以广州为中心，汇集全国的革命力量，很快开创出反帝反封建的革命新局面。

广州起义烈士陵园
红花岗埋忠骨　革命英魂长存

文/吴瑕

亲爱的同学们，每年清明节前后，你们学校是否有组织到广州起义烈士陵园拜祭英烈的活动？你知道烈士陵园的来历和长眠在这里的英烈故事吗？

1927年12月11日，中国共产党领导并发动了震惊中外的广州起义。1954年，为了让人们永远缅怀广州起义的丰功伟绩，广东省和广州市人民政府决定在埋葬起义烈士的红花岗修建广州起义烈士陵园，并于1957年12月11日广州起义30周年之际正式对外开放。今天，这里成为广州市民和游客瞻仰缅怀英烈，了解广州这座英雄城市历史的重要场所。

地点：越秀区中山二路92号
交通：有22路、40路、101路、102路、107路等多条公线，地铁1号线烈士陵园站

"红陵旭日"缅怀英烈

1927年4月12日，蒋介石在上海发动反革命政变。4月15日，国民党反动派在广州开始逮捕屠杀共产党人和革命群众。为了挽救革命，反击国民党反动派的疯狂镇压和屠杀，12月11日，中国共产党发动了广州起义，起义领导人有张太雷、叶挺、恽代英、叶剑英、周文雍、聂荣臻等同志，在广州的150多名朝鲜同志和苏联驻广州领事馆人员也参加了起义。起义军连夜迅速占领了广州大部分地区，并建立了第一个城市红色政权——广州苏维埃政府，又称"广州公社"。但是随后国民党政府勾结美、英、法、日等帝国主义武装进行了疯狂反扑，由于敌强我弱，经过三天三夜的激烈战斗后，起义不幸失败，张太雷在赴演讲途中遭到敌人袭击而壮烈牺牲。随后几天，国民党当局全城搜捕并在红花岗等地大肆屠杀起义军民5700多人。广州起义虽然失败了，但它是创建人民政权的一次伟大尝试，和南昌起义、秋收起义一起成为中国共产党独立领导革命和创建人民军队的伟大开端。

中华人民共和国成立后，广州人民为了纪念这次起义，特意选址烈士们就义的红花岗兴建了广州起义烈士

★ 广州起义烈士陵园的正门庄严肃穆

陵园。陵园占地18.8公顷，环境幽雅，规模宏大。正门宽30米，左右两旁各矗立一座厚实的花岗石石阙，石阙上刻着周恩来手书的园名，中间五扇朱漆金端铁栅门，肃穆庄严。大门正对的主墓道宽敞笔直，两旁遍植青松翠柏四季常青，墓道旁有叶剑英元帅墓和辛亥革命红花岗四烈士墓。园内还有高大的圆拱形烈士骸骨合葬墓，墓墙正门上刻有朱德的题字"广州公社之墓"。每当清晨红日从陵墓后方冉冉升起时，霞光流溢，绿草闪动着金色的光芒，似乎烈士的英魂正保护着这片大地，而"红陵旭日"也曾被列为羊城八景之一。

墓道的尽头是高45米的广州起义烈士纪念碑，这座纪念碑是1987年为纪念广州起义60周年而兴建的，碑身正面刻有邓小平的题词"广州起义烈士永垂不朽"。纪念碑造型是三块巨石间伸出起义者的坚强手臂，紧握钢枪，枪尖直指天空，象征着"枪杆子里面出政权"，基座四周塑有起义激战场景浮雕。

园内纪念亭各具特色

广州起义烈士陵园是典型的岭南特色园林，园内建有多个纪念建筑，其背后皆是一段段革命烈士英勇无畏、可歌可泣的故事。其中最著名的是纪念周文雍、陈铁军两位烈士，由董必武题字的"血祭轩辕亭"。

"头可断，肢可折，革命精神不可灭。壮士头颅为党落，好汉身躯为群裂。"这是共产党员周文雍被捕后在监狱墙壁上写的一首不朽诗篇。1928年2月6日，周文雍与在革命斗争中相爱的女共产党员陈铁军一起，在红花岗刑场举行了悲壮的婚礼后从容就义。烈士陵园建成后，在东湖中央建了一座湖心亭，董必武亲自题词命名为"血祭轩辕亭"，这座亭子飞阁流丹、黄琉璃瓦面、绿脊红柱，象征着周文雍、陈铁军视死如归的革命精神不朽。

在"血祭轩辕亭"东边，还有两座南北相对的纪念亭。北边是"中苏人民血谊亭"，为纪念在广州起义中惨遭杀害的苏联驻广州副领事和领事馆人员而建。南边是叶剑英题词的"中朝人民血谊亭"，纪念在广州起义中英勇牺牲的150多名朝鲜革命者。

每年入园人数超千万

自1958年正式对外开放以来，广州起义烈士陵

★ 广州起义烈士纪念碑，碑身正面刻有邓小平的题词"广州起义烈士永垂不朽"

★ 烈士陵园里的革命遗迹

园就是广州市民祭奠纪念先烈的重要场所。据烈士陵园管理处介绍，烈士陵园免费开放之后，进园人数不断递增，每年的入园人数都超过千万。

　　现在的烈士陵园，鸟语花香，绿树成荫，小桥流水，景色宜人，不仅吸引了大量游客，还成为周边居民健身休闲的好去处。每逢重要节日庆典，前来祭奠烈士的党员团体更是络绎不绝，鲜红的党旗迎风招展，重温入党誓词激荡回旋，朵朵鲜花寄托着人们的哀思和缅怀之情。众多党员和群众通过参观烈士纪念建筑、展览馆，聆听英烈事迹，传承英烈精神，更加坚定理想信念，沿着革命先辈的道路砥砺前进！

历史链接：

历史上两个著名的红花岗

　　广州起义烈士陵园所在地原来叫红花岗。广州历史上有很多个"红花岗"，现在位于越秀区白云山南麓先烈中路的黄花岗七十二烈士墓所在地也曾叫红花岗。1911年4月27日，孙中山领导的同盟会为推翻清王朝的统治在广州举行起义，但不幸失败，同盟会会员、画家潘达微冒着生命危险把七十二烈士遗骸收殓安葬于东郊红花岗，并改名为黄花岗，黄花即菊花，菊花傲霜斗寒的形象更能体现烈士的革命精神。后来这场起义也被称为"黄花岗起义"。

党史小百科

16. 什么是省港大罢工？

　　1925年5月30日，上海租界的英国巡捕枪杀反帝示威游行的工人和学生，制造了"五卅惨案"，激起全国人民的愤慨。中共中央广州临时委员会和中共广东区委根据中央指示，先后在香港和广州组织工人罢工声援上海工人。6月23日，广州工农商学兵各界群众及省港罢工工人共10多万人举行反帝示威大游行，游行队伍遭到租界内英法军队的机枪扫射，酿成"沙基惨案"。罢工因此进一步扩大，香港罢工工人增至25万人，并成立省港罢工委员会统一领导罢工。这场罢工长达16个月，在中国工人运动史上是空前的。1926年夏，广州国民政府出师北伐。同年10月，中共广东区委和省港罢工委员会根据形势的变化，宣布结束罢工。对香港而言，大罢工迫使港英当局调整其统治政策，逐步减轻对华人的歧视与压迫。

周文雍陈铁军革命活动据点旧址
用生命谱写动人革命爱情

文/李元源

岭南文化看广州，不到西关就不算来过广州。西关的魅力不仅在于拥有最地道的广府美食，还在于隐藏于寻常巷陌间的人间烟火气。从热闹的上下九步行街沿清平路向南走，穿过十八甫西路，转进东边的巷子，就是荣华西街。这里比邻繁华的上下九，距离人头攒动的清平中药市场也不过几分钟路程。西关就是如此神奇，夹在两个最热闹的街市之间，竟然有荣华西街这样一条安静得仿佛时间都已停止的小巷。

《刑场上的婚礼》是广州人耳熟能详的一部老电影，讲述了20世纪20年代一对坚持地下斗争最终英勇就义的青年恋人的革命爱情故事。这两位主人公周文雍和陈铁军与荣华西街有着一段"不得不说的故事"，他们曾在荣华西街17号小楼里并肩战斗，他们的故事至今仍为附近街坊传颂。

地点：荔湾区荣华西街17号
交通：有226路、238路、商务专线4路、高峰快线16路等多条公交线，地铁6号线文化公园站

学霸组合成为革命"情侣"

周文雍和陈铁军如果生活在今天，一定是父母口中"别人家的孩子"。周文雍文武双全，学生时代就是学生会主席，后来成为学生界领袖和工运领导人。他20岁加入中国共产党，参与组织了省港大罢工，22岁就担任中共广州市委组织部部长，是广州起义三人核心领导小组成员。

陈铁军是女中豪杰，虽生于传统的富商家庭，却不走大家闺秀的路线，她接受先进思想，勇敢投身革命，20岁考入广东大学（今中山大学），22岁加入中国共产党，担任广东妇女解放协会秘书长。

国民党发动"四一二"反革命政变后，中共广东省委决定，在广州举行武装起义并成立革命军事委员会，周文雍任革命军事委员会委员兼工人赤卫队总指挥。根据党组织的指示，陈铁军以"新婚妻子"的名义协助周文雍工作。

这期间曾发生一件惊险的事，1927年11月间，周文雍在率领工人游行示威时受伤被捕。党组织成立营救小组，陈铁军参与制订营救计划，以妻子身份到监狱为周文雍送饭时，将大量的辣椒放在食盒中，周文雍吃了辣

★ 荣华西街的老楼

椒后,全身通红发烫,敌人误以为他身患重病,只得将他送往医院。党组织随即从医院救出周文雍,之后,他俩仍以"夫妻"身份开展地下革命工作。

同年12月11日,中国共产党领导的广州起义爆发,但在帝国主义和国民党反动派的残酷镇压下失败了,周文雍与陈铁军不得不撤离广州,暂避香港。

就义前留下珍贵"婚礼"照片

为了重建广州党组织,1928年1月,陈铁军与周文雍冒着危险秘密返回广州,继续开展地下革命。这一次他们仍是"夫妻",新家也是新的革命据点,就在西关荣华西街17号二楼的小房间里。在白色恐怖笼罩下的广州城里,周文雍和陈铁军勇敢机智地避过敌人的耳目,在市内跑了许多地方,找寻失去联系的同志。然而,返回广州不到一个月,1月27日,由于叛徒告密,两人不幸同时被捕。

面对酷刑,两个年轻人坚贞不屈,哪怕面对死刑,革命斗志也毫不动摇。周文雍还在墙上写下了豪迈诗篇:"头可断,肢可折,革命精神不可灭。壮士头颅为党落,好汉身躯为群裂。"

在共同坚守的革命事业中,周文雍与陈铁军是同志关系;在互相搀扶的艰难日子里,爱情在他们心中生根发芽。临刑前,周文雍提出想和陈铁军照一张合影。1928年2月6日,在生命的最后时刻,两人在铁窗前拍下了那张著名的"狱中婚照"——照片中,周文雍目光如炬,陈铁军亦神态自若、大

★周文雍、陈铁军临上刑场前拍下的"婚礼照"(资料图片)

义凛然。在红花岗的刑场上，陈铁军向周围群众宣布："我们要举行婚礼了，让反动派的枪声来作为结婚的礼炮吧！"就义时，陈铁军24岁，周文雍23岁。

西关小巷屡见革命阵地

漫步在荣华西街，两旁是相连的三四层小楼，外墙因风雨的冲击而斑驳。周文雍、陈铁军当年租住的17号是中间一座三层砖木结构小楼，楼内仅宽3米多，而深近20米，楼中间是一个直通楼顶的天井，二楼、三楼各有一个阳台。附近老街坊说，这栋楼已经不是周文雍、陈铁军当年住的原楼，荣华西街一带曾被日军炸毁，现楼是1957年盐业公司在原地重建的职工宿舍，不过按推算，现在楼房的大小、房间结构与从前相当。

荔湾区编志办工作人员曾分析，周文雍、陈铁军选择荣华西街作为革命据点，与周文雍作为工人领袖的职务有关。当年西关商行云集，荣华西街又靠近租界沙面，是当时产业工人最集中的地方，便于联络工会组织、发动工人运动等工作。

岁月斑驳了时光，老楼里虽然不是当年的人家，但烈士的故事仍不断被后人传颂。如果你路经这里，不妨稍稍停住脚步，在西关的烟火气中感怀历史的记忆。

★ 荣华西街的烟火气

历史链接：

老西关镌刻的"红色基因"

荣华西街17号有"红色基因"，在荔湾不是偶然。附近耀华东街49号一幢不起眼的小白楼，曾经是中共广东省临时委员会旧址，1943年中共广东省临时委员会委员梁广就是在这里从事地下工作。长寿东路333号，则是上海救亡日报社生命的延续，1938年郭沫若在此主持《救亡日报》的复刊，建立了抗战初期共产党在粤港地区最重要的舆论阵地。梯云东路42号，是广州儿童剧团的诞生地，剧团于1937年9月成立后，以宣传抗日为演出主要内容，鼓舞人民士气。革命的星星之火，在西关小巷里熊熊燃烧，并蔓延整个广州甚至全中国。

党史小百科

17. 什么是国民革命军北伐战争？

1926年7月1日，广东革命政府在广州誓师北伐，以"打倒列强，除军阀"为口号的北伐战争正式打响，参战的国民革命军约10万人，蒋介石为总司令。7月12日和14日，中国共产党中央和国民党中央分别发表《中国共产党对于时局的主张》和《北伐出师宣言》，号召全国人民支持国民革命军的北伐。北伐的主要对象是直系吴佩孚、孙传芳、奉系张作霖三支北洋军阀部队，总兵力达70万。北伐战争是国共两党共同进行的一场革命的、正义的战争。在不到10个月的时间里，北伐军从广州打到武汉、上海、南京，打垮两大军阀，歼敌数十万，一场规模空前广大的人民革命战争席卷了大半个中国，在中国革命历史上写下了光辉的篇章。1927年4月12日，以蒋介石为代表的国民党新军阀背叛革命，发动反革命政变，使反帝反封建的北伐战争中途夭折，轰轰烈烈的大革命归于失败。

葵蓬凤溪革命老区
芳村红色革命的根据地

文/李元源

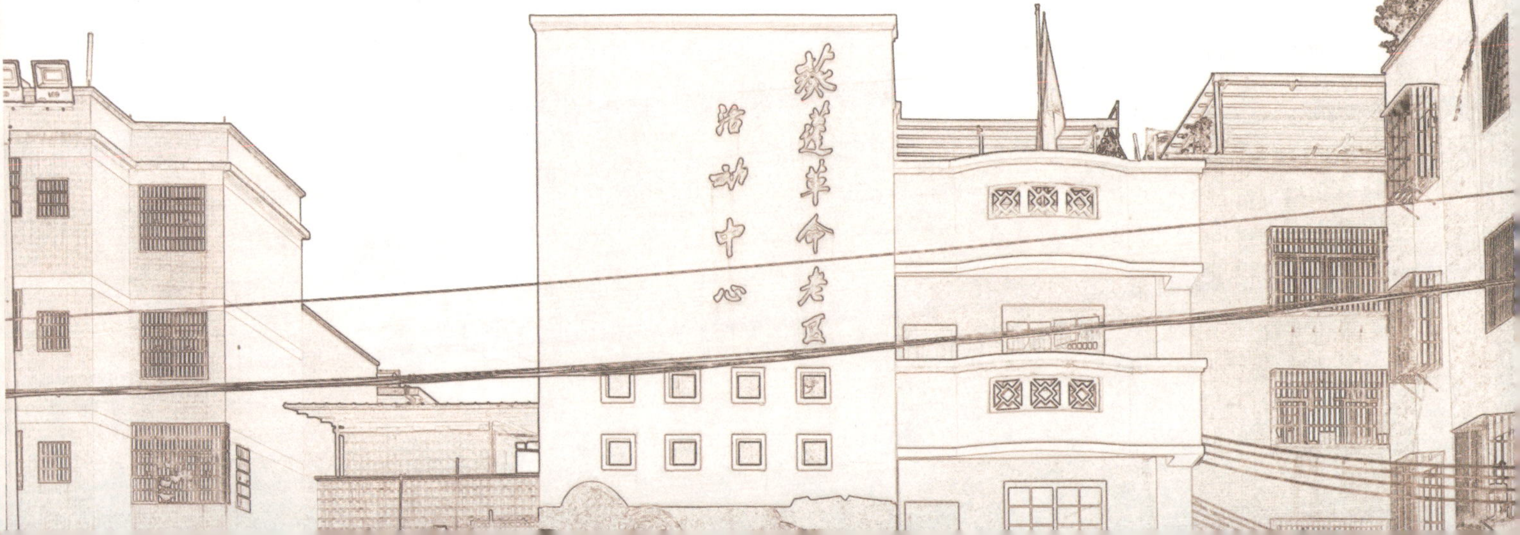

两岸繁花相簇，一湾清水绵延。漫步在秀丽的牛肚湾涌旁，"一河跨两地"景致尽收眼底。2018年，荔湾区茶滘街道以凤溪革命老区为核心，推出"幸福葵蓬红色线路"，在心形闭环线路中，融入有地区特色的品茶、玩水、赏花等参观游览景点，还准备了特色红色课程"讲讲凤溪那些事儿"。不少青年学生到此游览，重走红色革命道路，追忆芳村历史过往，致敬凤溪英勇先烈。

★ 凤溪革命老区新时代文化讲堂

优秀青年成为奋勇杀敌的"神枪手"

凤溪有着悠久的革命历史，可以说是芳村地区革命的摇篮。早在大革命时期，从凤溪走上革命道路的中共广东省委委员黄谦，带领着芳村地区的老百姓，成立党组织，建立农民协会，组织武装队伍，轰轰烈烈地开展农民运动，还参加了1927年的广州起义。

凤溪靠近广州市区，水网密布，进出靠小艇，外人一般很难进入，凭借地理优势，在抗日战争时期发展成为抗日秘密根据地。凤溪先后成立了党支部和群众武装——抗日俊杰同志社凤溪分社，配

 地点：荔湾区荣华西街17号
交通：有226路、238路、商务专线4路、高峰快线16路等多条公交线
地铁6号线文化公园站

★葵蓬革命老区活动中心的浮雕墙

合珠江纵队第二支队（原广州市区游击第二支队，简称广游二支队）积极开展抗日武装斗争。

为了壮大抗日武装队伍，凤溪党组织动员当地青年参军，先后为广游二支队输送了周榕、叶斌、原景等优秀青年入伍。这些年轻人没有辜负凤溪人民的期望，在军队里锻炼成长为素质过硬的革命战士。

凤溪村临近日军宪兵司令部，日军对凤溪村的抗日斗争耿耿于怀，总是想方设法打击，还"借刀杀人"支使土匪来搞破坏。就在抗日战争胜利前夕的一个深夜，刺耳的枪声响彻村庄上空，一伙近20人的土匪队伍突袭凤溪村。全村民兵闻讯立即进入战斗准备，村里青壮年操起大刀、标枪、木棒参加战斗。

参加过游击战的原景、叶斌正好在家，他们利用自己是机枪手的过硬本领和丰富的战斗经验，带领村民们奋起反击，经过一个多小时的战斗，彻底击退敌人，依靠自己的武装力量保卫了革命据点。

少年"通讯员"成功送信发传单

在日军侵占广州的那些年，开展革命活动危险重重，而在凤溪村，全民抗战从未停止。根据葵蓬股份经济联合社编印的《广州市荔湾区茶滘街葵蓬凤溪革命老区资料》以及村里长者的回忆，我们还原了抗战时期凤溪村普通人家的"战斗史"。当年，为了宣传革命，广游二支队党组织刊印了一系列宣传品，有抗日游击队的捷报、抗日口号，也有绞毙特务分子的告示等，再由凤溪党支部组织党员和群众中的积极分子散发和张贴传单。

智慧的凤溪人散发传单的手法多种多样，他们一般在凌晨三四点钟开始行动，有时把传单塞入民居门缝，有时贴在市场墙上。村里杨洪老人曾这样回忆自己当"通讯员"的经历："我送信的时候才十几岁。送信要将衫脚(衣服的边缝)割开，把信卷塞进去。送传单先把斗笠拆开，把传单铺在帽檐里。"送信过程中杨洪也遇到过各种各样的突发状况，被日本人盘查过，也被人当作小贼，他总是临危不乱，一口咬定自己只是外出探亲的小孩子，成功度过一次次危险。

新时代文化中心传承革命精神

武装战斗反抗剥削、不畏流血传递革命信息……在凤溪没有惊心动魄的英雄故事，翻阅村史，我们看

★ 日新月异的村庄

到的是纯朴善良的乡亲们为了革命的众志成城，每一个凤溪人都是革命胜利不可缺少的力量。

中华人民共和国成立后，凤溪村人民英勇斗争的历史，得到了党和政府的充分肯定。1993年，凤溪村被广州市政府补划为抗日战争根据地。2004年，广州市芳村葵蓬革命老区活动中心正式落成，这是广东省第一个村级革命历史展馆。

2019年，凤溪革命老区活动中心再升级，一楼是星光老人活动中心，二楼、三楼分别是阅读室和史料展览厅。在三楼150平方米的展览厅内，展示着各个革命时期凤溪村民的战斗史料和战斗的器具。透过橱窗里展出的步枪、镰刀等武器，我们仿佛穿越时空，感受到90多年前先辈们在艰难的环境中不屈不挠守护家园的赤子之心。

历史链接：

凤溪地名反映广府文化

芳村一带水网密布、鸟语花香，这一地理特征也体现在地名上，凤溪的地名正是如此。溪为水，广东人视水为财；而凤为百鸟之王，寓意祥瑞福气。凤溪的命名意义，不仅反映了当地自然环境，还寄托了当地人民对这片土地的浓郁乡情和美好祝愿，体现出广府文化的底蕴。

党史小百科

18. 中国共产党领导的人民军队是怎样诞生的？

大革命失败之后，中国共产党发动南昌起义，打响了武装反抗国民党反动派血腥屠杀的第一枪，开始了人民军队的创建工作。1927年9月，毛泽东领导和发动了秋收起义，成立了中国工农革命军第一军第一师，为建立新型人民军队奠定了基础。1928年5月，朱德率领南昌起义保留的军队与毛泽东领导的军队在井冈山会师，创建了中国工农红军第四军。同时，党在其他地方也开展了创建根据地和红军的斗争。抗日战争爆发后，中国共产党领导的八路军、新四军在战争中不断壮大。抗战结束时，人民军队发展到120多万人，民兵220万人。为加强领导，中央军委将八路军、新四军统编为中国人民解放军，打败了国民党800万军队。中华人民共和国成立后，人民解放军在党的领导下，担负着保卫无产阶级政权、抵御外来侵略等光荣使命。

中共增龙博中心县委旧址
增城不容忘却的抗战记忆

文/崔小远

"我们都是神枪手,每一颗子弹消灭一个敌人;我们都是飞行军,哪怕那山高水又深……"你会唱这首《游击队队歌》吗?在革命战争年代,作为广州东大门的增城,在高山密林间活跃着一支支这样的抗日游击队伍。今天我们要讲的就是中共增龙博中心县委的抗日故事。

如今,在增城区正果镇白面石村仍保留着中共增龙博中心县委旧址。它是一座建于半山腰的小院建筑,典型的客家民居风格,院内有东西两排瓦房,每排4间,四周皆是繁茂翠竹。在这个古朴小四合院的外墙上,挂着一个刻有"中共增龙博中心县委旧址"字样的石匾。周围斑驳的青砖犹如被打上了深深的历史烙印,诉说着当年共产党人金戈铁马、运筹帷幄的战斗诗篇。

地点:增城区正果镇白面石村
交通:有67路、72A路等公交线,地铁21号线增城广场站换乘增城7路公交

正果白面石打响"广州抗日第一枪"

1938年10月12日,日军在百余架飞机及200多门舰艇大炮的配合下,从大亚湾的澳头等地强行登陆,占领了淡水、平山一带,直指广州。由于日军装备精良,武器威力强大,沿广汕线捍卫广州的中国守军节节失利,惠阳、博罗等地相继失守。10月19日,日军迫近广州东大门——增城县(即今增城区)。当天,中国共产党领导的军队在增城和博罗交界的白面石村,布防阻击敌人,翌日在该村的老虎石顶(山名)与日军鏖战一昼夜。虽然最终未能改变日军侵占广州、城市沦陷的结局,但这场发生在白面石村的战役被后人称作"打响广州抗日第一枪",为广州人民的转移争取了时间,也为日后的广州解放奠定了农村群众革命基础。

在日本占领广东期间,东江地区活跃着一个爱国华侨抗日救国的群众性组织——东江华侨回乡服务团(简称"东团")。1939年东团博罗队成立,在当地开展抗日救亡活动,其中不少骨干成员是共产党员和进步青年。1940年1月,国民党东江当局捏造东团博罗队"勾结土匪、密谋暴动"罪名,将

★修复后的四合院——如当年的中心县委办公地

队长及队员23人逮捕监禁，制造了"博罗队事件"。3月，中共博罗县委遭到破坏，组织活动不得不暂停。

"打响广州抗日第一枪"的白面石村，虽然只是一个小村落，但有着深厚的革命群众基础，是著名的革命老区。当时，为了适应博罗队事件发生以后的形势变化，中共东江特委决定在增城县委的基础上，在白面石村成立新的抗日指挥中心，即中共增龙博中心县委，统一领导增城、龙门、博罗三个县的党组织，从此开启了两年多栉风沐雨的革命斗争历程。

中心县委组织武装打游击

增龙博中心县委成立后，非常重视对党员的培养教育工作。1940年和1941年的暑假，分别举办了为期1个月的党员干部培训班，自编教材，学习"形势与任务""马列主义常识""党的建设""党的统一战线"等内容，对进一步发展增龙博地区的党组织，特别是开展沦陷区的武装斗争，起到很好的推动作用。

由于不满国民党长期征兵强拉壮丁，当地群众纷纷加入中共地下党领导的武装队伍，在增城沦陷区开展抗日游击斗争。其中，1941年4月，增城抗日游击队吸收佛子庄、旺村等地游击小组成员100多人，成立广东人民抗日游击总队增（城）从（化）番（禺）独立大队。这支部队隶属广东人民抗日游击总队和中共增龙博中心县委的双重领导，频繁活动于广增公路、增从公路和新新公路(即中新到新塘路段)前沿，与敌人短兵相接，开展敌后游击战，是当时增城地区颇负盛名的抗日游击队伍。

县委旧址原貌修复成红色基地

为弘扬革命传统和"红色文化"，增城区正果镇政府于2006年开始对县委旧址进行修复。重建的"中心县委"完全保持原貌，建筑风格仍是以前的客家土楼四合院样式，室内布局亦仿照当年，甚至重建用的部分砖、木柱等材料都是旧址原有的，以保证革命史迹的真实性。

如今，中共增龙博中心县委旧址已经成为爱国主义教育的红色基地。人们参观四合院内的展陈，重温历史，缅怀先烈，似乎回到了那个战火纷飞的年代，感受到革命先烈在敌后战场上隐姓埋名、英勇奋战的铁骨豪情。

★展览介绍了许多革命烈士的事迹

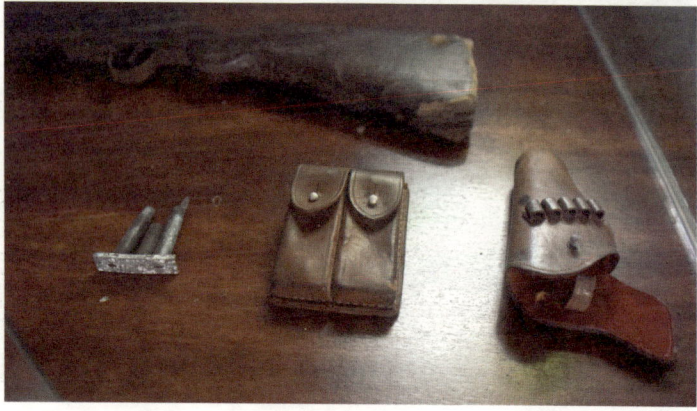

★展馆内展出抗日时期的战斗物品

历史链接：

白面石村有多个红色遗址

增城区正果镇白面石村是著名的革命老区。除中共增龙博中心县委旧址以外，村内现存有黄沙凼教抗日烈士纪念堂、抗日烈士墓、老虎石顶抗日战场指挥所旧址、华南抗日第一枪战场遗址、东纵北江机关遗址等，是弘扬民族精神和爱国主义教育的红色旅游景区。

党史小百科

19."农村包围城市"的革命道路是怎样开辟出来的？

1927年9月，中国共产党在湖南、江西边界领导发动农民武装起义，但组织的三路起义部队均受挫。9月19日，前委书记毛泽东主持起义部队召开前委会议，分析了敌大我小、敌强我弱的形势，主张改变原来攻打长沙的计划，把革命的中心由城市转向敌人统治比较薄弱的农村中去。此后，起义部队进入井冈山，开创了中国共产党领导下的第一个农村革命根据地。后来毛泽东从中国社会和革命的具体情况出发，将这一经验进行总结，指出在党的领导下，将武装斗争、土地革命、建立革命政权三者结合在一起，就是中国革命必须坚持走"农村包围城市，最后夺取全国胜利"的正确道路。

二沙岛颐养园
今朝体育"摇篮",昔日秘密"基地"

文/吴瑕

广州二沙岛，恍如停驻在珠江中的一艘巨轮，这里四季绿草茵茵，花团锦簇，绿道四通八达。二沙岛最西端是封闭管理的广东省体育运动技术学院。作为中华人民共和国第一座竞技体育的专业基地，它是广东乃至全国体育界的"摇篮"，这里走出了众多中国体育的代表性人物，如我国第一个世界纪录创造者陈镜开、第一个世界冠军容国团、第一个打破游泳项目世界纪录者戚烈云等，世界冠军刘翔也曾来此训练备战。

然而，如今很少有人知道，这片优雅、安静的院子，解放前却是文人雅士聚集之地，作为广东首家"旅馆医院"——二沙岛颐养园吸引着诸多政商名流，而且由于其地理位置和身份的特殊性，抗战时期成为日本人也不敢踏入一步的中共地下秘密活动点。

★ 梁培基及全家照片

政要名流疗养的"避风港"

20世纪20年代，广东著名民族工商家梁培基和一些名流在珠江边的二沙岛集资兴建了"颐养园"，实质是由西式别墅和优美园林组成的疗养性医院。

原来，当时广州的著名医院如博济、柔济都是由外国人创办的。著名药商梁培基希望效仿日本在广州建立一家"旅馆医院"，功能类似于现在的疗养院，拥有完备的医疗设施和固定护士，病人由市内的医生介绍入院，入院后也可自行选择心仪的医生为自己诊疗。他的想法得到了不少城中名医和上流人士的支

 地点：越秀区大通路28号
交通：有57路、12路、89路、813路、811路等多条公交线

★颐养园仍保留着当年的大部分建筑

持，纷纷出资参与。梁培基的好友、时任广东警察厅厅长魏邦平更是让出自己在二沙岛的府邸"渔庐"，占地面积约2万平方米的留医医院得以兴建，因取颐养天年之意，命名"颐养园"。

梁培基参照北京的颐和园将颐养园逐步打造成了"远眺云山在望，近观珠水鱼游"的疗养胜地。园内有假山鱼池、亭台水榭，一座座典雅建筑掩映绿树间，还设有手术室及药房、中西厨房等设施，比香港的山顶医院更胜一等，成为当时很多国民党政要、富商和各界名流的疗养首选地。在那个风云变幻的时代，更成为政要们的"避风港"。史料记载，二沙岛对岸曾设有水上飞机场，必要时可经水路或飞机离开广州。蒋介石和他当时的夫人陈洁如，儿子蒋经国、蒋纬国，还有陈济棠、余汉谋、李宗仁、白崇禧等国民党上层人士都曾在此居住。梁培基还曾在颐养园款待过梅兰芳、谢冰心、廖梦醒等文化名人。

身份特殊成中共地下活动点

梁培基先生赤诚爱国，他的几个子女都积极投身于抗日救国运动。由于特殊的地理位置与身份背景，抗战期间颐养园也一度成为中共地下秘密活动点，地下党组织利用颐养园这个安全庇护所开展了许多革命活动。

据广州地方志记载，1941年春夏之间，中共北江特委派王磊（梁培基女婿）担任特派员，回广州建立秘密活动据点。这期间，颐养园内有位名叫柯岛的德国医生，由于其"轴心国"医生的身份，加上梁

★颐养园旧照片

★颐养园内的亭台楼阁中西风格并存

家儿女中亦有德国留学生，日军对颐养园有几分忌惮，不敢贸然进园内搜查。因此，王磊选定此处为主要活动据点，很快在广州站稳了脚跟，出色地完成了为游击队筹集资金、采购药品、护送进步青年以及途经广州的党员干部到游击区等任务。

为贯彻北江特委在广州发展党员的方针，王磊等人在广州的大、中、小学团结了一批进步学生和青年教师，并在颐养园内举办党的培训班，挑选一些思想觉悟较高的积极分子参加。培训班每期10人左右，7~10天为一期，学习班结束后，会从中挑选觉悟高、表现好的学员发展为中共预备党员。几期培训班下来，先后吸收了庄碧君、黄莹杰等青年学生入党。受训后，这些进步青年有的留在广州开展斗争，有的则被输送到游击区。

历史链接：

疗养院变身体育训练基地

　　1954年10月，为备战第16届奥运会，国家体委选址二沙岛的颐养园，将其扩建为中华人民共和国第一个体育训练基地。颐养园原有的10余栋别墅洋房作为办公楼、招待所和宿舍，60多年来一直服务于中国体育事业。这里曾经诞生了中国体育史上诸多第一：第一个世界纪录，第一个世界冠军，第一个打破世界游泳纪录。截至2014年，二沙基地已经走出了21位奥运冠军、100多位世界冠军，体育健儿们共打破世界纪录和荣获世界冠军1000多项(次)。

党史小百科

20. 为什么说遵义会议挽救了党、挽救了红军、挽救了中国革命？

　　1935年1月，红军攻克黔北重镇遵义。15日至17日，中共中央召开政治局扩大会议，史称"遵义会议"。这次会议集中全力纠正当时具有决定意义的军事上和组织上的问题。毛泽东、张闻天、王稼祥做了重要发言，尖锐地批评博古、李德在第五次反"围剿"战争中实行单纯防御和在长征初期实行退却逃跑的错误。会议确立了以毛泽东为核心的党中央的正确领导，结束了王明"左"倾教条主义在党中央长达4年之久的统治，从而在极其危急的情况下挽救了党、挽救了红军、挽救了中国革命，成为中国共产党历史上一个生死攸关的转折点。遵义会议使红军和党中央得以在极其危急的情况下保存下来，并且为这以后能够战胜张国焘的分裂主义，胜利地完成长征，打开中国革命的新局面奠定了基础。

东江纵队纪念广场
保家卫国驱日寇显英豪

文/崔小远

在中国的抗战历史中，有一支创下辉煌战绩的特殊部队。这支孤悬华南敌后的抗日武装在长达14年的抗战中，因各种原因无法得到陕北党中央的直接支援，最困难时期甚至没有一部电台，仅靠收听延安新华广播来获得党的信息。这就是让广东人自豪的东江纵队。

就是在这样的艰苦环境中，东江纵队独立发展壮大成拥有11000多人的抗日武装力量，其开辟的华南敌后战场成为"敌后三大战场"之一。其中，东江纵队第四支队活跃于广州黄埔永和地区，挫败敌伪的屡次进犯，终以少胜多收复永和。如今，位于黄埔区永和街道的东江纵队纪念广场就是了解这段抗战历史的最好去处之一。

地点：黄埔区永和街永和大道与新业路交会处
交通：地铁21号线长平站换乘公交车330路

永和抗日根据地成敌我斗争要害

1943年12月2日，广东人民抗日游击队东江纵队成立。这是中共广东省委遵照党中央的指示创建的一支人民抗日武装。在曾生、林平、王作尧、杨康华等人的领导和指挥下，东江纵队转战东江南北，深入港九敌后，活跃于广州外围，成为中外闻名的抗日武装队伍，为华南地区的抗日斗争做出了重大贡献，朱德曾将东江纵队与琼崖纵队和八路军、新四军并称为"中国抗战的中流砥柱"。

1944年12月，镇守永和禾丰黄旗山（原增城县辖区，今广州市黄埔区永和街道辖内）的抗日武装东江纵队第四支队正式成立，肩负起守护永和抗日根据地的重任。

永和抗日根据地地理位置至关重要，有油麻山、黄旗山、南香山等山脉可踞，扼广九铁路和广汕公路的咽喉，是广州通往东江和香港的门户。从战术上看，是插在敌占区心脏的一把钢刀，目标直指广州的日寇。因此，永和抗日根据地自诞生之日起，就遭到敌人的不断进攻。面对日军"围剿"，第四支队将士和人民群众以黄旗山为依托，华峰寺为掩护，一次次击败敌寇，避过危难。

苦战一月以少胜多挫败敌伪进犯

原东江纵队第四支队第二大队副大队长宋刚回忆，1945年春天，日寇虽已走向穷途末路，但仍做垂死挣扎。为挽回败局，盘踞在新塘镇一带的日寇，纠集日伪军千余人，趁东纵四支队分散活动和群众忙于插秧之际，向永和抗日根据地发动进攻，妄图一举侵占永和圩，大有侵吞整个永和抗日根据地之势。

当时，只有东江纵队一个代号"武当山"干部队和永和的常备民兵中队与敌人进行战斗。我军人数不多，武器差，弹药也很少，面对上千日伪军的进攻，情况万分危急。

那时，战士们营养不良，体质很差，全副武装背着枪支弹药，由分散活动区跑回根据地作战，不仅路途遥远，还要翻越华峰寺山头，长时间快速奔袭十分辛苦，但在保卫永和根据地的爱国爱民精神鼓舞下，战士们不顾苦累，持续鏖战。

在广大民兵的配合下，战斗持续将近一个月，战士们终以少胜多，挫败日伪的屡次进犯，从而粉碎了敌人重新侵占永和抗日根据地的企图。当敌人败退永和圩时，连煮好的米饭和牛肉都没来得及吃，就狼狈地逃窜了。

东江纵队纪念广场成红色旅游名片

为纪念永和地区光荣的抗战历史，2011年3月26日，东江纵队纪念广场落成。广场位于永和大道与新业路交会处，占地面积约1540平方米，总投资约360万元，由原萝

★ 东江纵队纪念广场和纪念碑

★东江纵队纪念广场的雕塑景墙

岗区委、区政府斥资修建。广场由纪念碑、雕塑景墙、廉洁教育区及绿化广场组成,主要展示和宣传东江纵队光荣革命斗争史,以及曾生、林平、王作尧三位东江纵队领导人的革命事迹。"我们是广东人民的游击队,我们是八路军、新四军的兄弟,我们的队伍驰骋于东江战场上……今天我们是民族解放的战士,明天啊,是新中国的主人!"当年这首激情昂扬的《东江纵队之歌》被篆刻在纪念碑上,勉励着新一代奋斗者不忘初心,牢记使命。

2015年12月,东江纵队纪念广场被评为广州市中共党史教育基地,成为永和辖区一张红色旅游名片。每年这里都会开展清明祭奠和烈士纪念日纪念活动,附近社区居民、青少年学生、各界人士前来瞻仰献花,缅怀先烈,接受红色革命教育。

历史链接：

广东有三座"东江纵队纪念馆"

当年华南地区抗日主要战场、东纵司令部所在地是在惠州。除了广州黄埔区的东江纵队纪念广场以外，广东省还有三座"东江纵队纪念馆"，分别在深圳、惠州、东莞。其中，2014年8月24日，惠州市博罗县罗浮山景区东江纵队纪念馆经党中央、国务院批准，被列入第一批80处国家级抗战纪念设施、遗址名录。

党史小百科

21. 什么是长征精神？

1934年10月，第五次反"围剿"战争失败后，中央红军主力被迫撤离江西革命根据地，准备与二、六军团会合，沿途突破敌人四道封锁线，兵力损失过半。12月，红军改变计划向贵州腹地进发。1935年1月，红军攻打娄山关，占领遵义城，召开政治局扩大会议，毛泽东在中央的领导地位开始确立。会后，红军四渡赤水、巧渡金沙江、强渡大渡河、翻越夹金山。6月，与红四方面军会合，开始与张国焘的分裂主义做斗争，左路军走过人迹罕至的草地。随后，红一、三军团和军委纵队继续北上，最终到达吴起镇与陕北红军会师，中央红军长征结束。红军指战员在长征途中表现出了对革命理想和事业无比忠诚、坚定的信念，表现出了不怕牺牲、敢于胜利的无产阶级乐观主义精神，以及顾全大局、严守纪律、亲密团结的高尚品德，这些构成了伟大的长征精神：坚忍不拔，自强不息，勇往直前。

《华商报》广州分社旧址
繁华北京路上的红色印记

文/黄绮媚

北京路，是广州这座千年商都最重要的地标之一，想必大家都再熟悉不过。如果你细细观察过北京路上挖掘的由唐代至民国时期的11层路面，就能知道它承载了多少历史故事。在风云变幻的战争年代，这里还曾是知名进步报刊《华商报》广州分社所在地，为中国民主主义运动而发声。

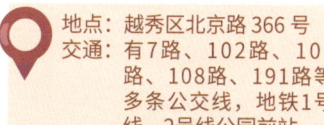

地点：越秀区北京路366号
交通：有7路、102路、107路、108路、191路等多条公交线，地铁1号线、2号线公园前站

★ 北京路366号就是《华商报》广州分社旧址

繁华千年的城市中心大道

今天的北京路，是一条热闹非凡的商业街，而在更长的历史时期里，它是一条官道，其北端自唐代以来便是广州的行政中心，官衙林立，车水马龙。时移世易，到了20世纪20年代，陈独秀应广东政府邀请把《新青年》杂志社南迁广州，编辑部就设在北京路附近的昌兴街26号和28号，使得北京路一带迅速成为当时全国新文化运动的焦点。当时北京路、中山五路（时称惠爱中路）上书店、文具店、西服店、西餐厅、照相馆、西式百货公司等商铺林立，是军政界、文化界人士和学生最喜欢光顾的地方。

进步文人香港创办《华商报》

在这样的社会环境下，越来越多的进步书刊纷纷把驻穗办事处设立在北京路一带，我们所熟知的《南方日报》前身——由中国共产党创办的爱国民主报纸《华商报》亦是其中之一。

1937年，国共两党第二次合作结成抗日民族统一战线。但结盟后，国民党顽固派不断制造各种摩擦，不仅对各民主党派和民主人士实行政治迫害，更对共产党的新闻输出进行全面严查、封锁，其中宣传抗日、团结、进步的《新华日报》《救亡日报》等报刊的出版就遭到破坏及禁止。在这种政治背景下，一批批的爱国进步文化人士被迫迁移至被英国殖民统治的香港，继续谋求对外发声的渠道。

据2011年5月31日《南方日报》的相关报道，1941年2月10日，肩负中国共产党在香港领导抗日民族统一战线工作的廖承志，给时任中共南方局书记周恩来发电报请示："现到港文化人相当多。我们决定在港办一报纸……以救国会之姿态出现，但不太露锋芒，不过我党重要文件应发表。我想在《新华日报》受压迫，而港其他报受国民党收买的情况下，为冲破他们的封锁办这个报，就是其生命只有几个月也是有意义的。"于是，1941年4月8日，《华商报》在香港应时而生，很快便以其内容丰富、政论时评独到而受到广大读者的欢迎。

★《华商报》广州分社在这幢老楼里

《华商报》广州分社仅存在3个月

创刊半年多后，《华商报》因太平洋战争爆发而一度被迫停刊。抗战胜利后，在一众爱国报人的努力下，于1946年1月4日在香港复办，并于同年3月在广州汉民北路234号（现今北京路366号）设立广州办事处（分社），出售、发行报纸和进步书籍、杂志，由邬维梓负责。分社的主要任务是："本人民底立场，与我海内外同胞，共揭和平、团结、民主的大旗，为创造一幸福、富强与民主的新中国而奋斗。"

如果你到省财政厅前的老字号一条街，找到一栋挂着北京路366号门牌的六层楼房，《华商报》广州分社就设在这栋楼的后座阁楼里，前座铺面是分社开设的书刊门市部，销售进步书刊，后座则是仓库和员工宿舍。

当时，广州的进步期刊如雨后春笋般出现，在人民群众和青年学生中产生重大的影响，为和平民主运动的开展大造舆论。国民党当局因此加大了对进步力量的打压，《华商报》驻广州办事处开办不久，反动机构就暗派暴徒在书刊门市部偷放毒蛇和马蜂，企图伤害读者，以此破坏办事处的营业。1946年5月4日上午，国民党当局又派一批暴徒前来大肆破坏。不到一个月后，《华商报》驻广州办事处被国民党关停，在广州只生存了短短三个月。

1949年10月1日，中华人民共和国宣告成立！在香港的《华商报》根据中央指示决定停刊，驻港的报社人员回到广州创办《南方日报》，开启了这份报纸的崭新篇章。

1966年，汉民路更名为北京路，汉民北路234号成了北京路366号。曾经在动荡岁月里纸墨飘香的一方天地，如今成为繁华闹市中不起眼的老建筑，仿佛一位历尽沧桑的老者，闲坐街头，静看白云苍狗。

历史链接：

千年官道北京路的变迁

北京路自古以来有不同的名称，从清代至今，先后有永清大街、永汉街、永汉路、汉民路及北京路5个正式名字，此外明清时期，它还有"双门底"的别称。据史书记载，北京路在清代分成几段，中山五路至西湖路一段叫双门大街，是以当时也被称作"双门底"。

辛亥革命之后，永清大街改名为永汉街。1918年10月，广州市政公所进驻育贤坊禺山关帝庙，展开了大规模城市改造运动，永汉街至双门底一段统称为永汉路；1936年国民党元老胡汉民去世后，为纪念他改名为汉民路，抗战胜利后复名永汉路，至"文革"时又改成了沿用至今的北京路。

党史小百科

22. 什么是中国共产党抗战中的持久性战略方针？

1937年卢沟桥事变后，抗日战争爆发，国内流行着"亡国论"和"速胜论"两种观点，1938年5月，为系统阐明中国共产党的抗战方针，毛泽东写了《论持久战》，明确指出：在这场战争中，中日双方存在着互相矛盾的四个基本特点：1.日本是个帝国主义强国，中国是个半殖民地半封建弱国；2.日本的侵略战争是退步的、野蛮的，中国的反侵略战争是进步的、正义的；3.日本战争力量虽强，但它是个小国，经不起长期的战争，中国是个大国，能够支持长期的战争；4.日本的非正义战争是失道寡助的，中国的正义战争却是得道多助的。这场战争的性质决定了最后胜利属于中国，"亡国论"毫无依据，但是战争初期敌强我弱的形势也决定了"速胜"是不可能的。持久战的战略方针为整个抗战最后赢得胜利指明了方向。

东亚大酒店
广州解放日升起五星红旗

文/郭仲然

70多年前,长堤大马路曾是广州最繁华的商业区,这里矗立着一座享誉粤港澳和东南亚的豪华酒店——东亚大酒店,至今仍是长堤知名的商旅酒店。但让东亚大酒店员工最自豪的不是曾经的豪华,而是光荣的革命历史,这里是广州解放日五星红旗升起的地方。

华侨建豪华酒店名冠粤港

清末,广州长堤修筑完成,形成一段弓形堤岸,因为临近码头运输便利,长堤大马路一带成为当时最繁荣的路段。澳大利亚华侨马应彪受孙中山影响,抱着"实业救国"之心回国发展。1914年,他在广州长堤大马路开设了"先施有限公司环球货品粤行",成为由华侨创办的广州首家综合型大百货公司,也是当时中国最大的百货零售商店,一时轰动全国,驰名海外。随着百货经营的成功,马应彪开始涉足其他行业,他在长堤集资兴建了一家豪华大酒店,这就是东亚大酒店。

地点:越秀区长堤大马路320号
交通:有8路、1路等公交线

★ 东亚大酒店曾是广州知名豪华酒店

★ 70多年前的广州解放日，大酒店三楼在黎明前升起五星红旗

东亚大酒店面江而建,楼高7层,外形为欧洲古典建筑风格,其内装修则颇具中国风,大量使用古色古香的酸枝家具,外洋内中,陈设奇丽,1941年建成后很快以其富丽豪华获"百粤之冠"的美誉,成为富商巨贾、达官贵人经常出入之地,并逐渐闻名于粤港澳和东南亚。酒店附设的娱乐厅场曾有"不夜天"之称,马师曾、红线女等粤剧名人常常在这里演出。

曾是共产党开展秘密斗争的据点

豪华的东亚大酒店迎来送往的大都是非富即贵的官僚、政客、资本家,人们绝没有想到,这里还是中国共产党在广州开展秘密斗争的地下据点之一。1945年8月,抗日战争取得胜利后,党组织派了3位党员"应聘"到东亚大酒店工作,以员工身份开展"地下活动",党员萧响三(原名萧泛波)很快团结了长期受到剥削欺压的酒店工人们,成立了"东亚大酒店职工同乐会",与

★酒店内饰可见当年奢华

资本家和反动分子展开斗争。

1949年9月底,人民解放军分三路南下进军广东。东亚大酒店职工同乐会的全体会员在萧响三等地下党员的带领下,积极做好迎接广州解放的准备工作。10月14日晚上,解放军进城后迅速占领国民党总统府、广州绥靖公署、广东省政府、广州市政府及广州警察局,并歼灭国民党残敌,至此广州顺利解放。当天晚上,萧响三与同乐会会员用红布和黄布制成了一面五星红旗。10月15日黎明,这面特别的五星红旗在东亚大酒店3楼冉冉升起,在东堤上空高高飘扬,成为广州解放日升起五星红

旗的地方。会员们还横跨长堤大马路挂起了"热烈欢迎人民解放军"和"热烈庆祝广州解放"的巨幅横额,为东亚大酒店的红色革命历史留下辉煌的一笔。

窗帘红布加黄球衣制成五星红旗

说起这面五星红旗的诞生,有一段曲折而感人的故事。1949年10月初,东亚大酒店车衣工马明在接受党组织分派的任务时,手中既没有五星红旗的样板,也没有做旗帜的红布。恰巧当时酒店为庆贺中秋节购置了12匹红布,用来布置橱窗和新制窗帘。在缝制窗帘时,马明悄悄省下了一匹红布。这匹冒险收藏起来的红布就成了赶制五星红旗和横额的材料,而五颗金光灿烂的黄色五角星是用一个青年工人的黄色球衣剪裁而成的。

有了材料,五星红旗的式样却成为最大的难题,马明和萧响三最初秘密收听电台广播初步描绘了图样,后来萧响三的妻子从香港辗转寄来一份《大公报》,上面刊登有中华人民共和国国旗图样。大受鼓舞的马明经过一夜紧张的工作,把红旗和横额赶制出来了。目前,这一面珍贵的五星红旗珍藏在广州博物馆里。

时光荏苒,已有80年历史的东亚大酒店,改名为港润东亚大酒店。2019年10月完成整体装修后,酒店的布局和陈设维持了原来的风格,整个酒店更显古朴典雅,夜色下灯光璀璨与碧波荡漾的一江珠水相交映衬,展现着老店在新时代的勃勃生机。

★ 20世纪30年代初长堤上的东亚大酒店(广州档案馆历史图片)

历史链接：

先施推出中国第一个女售货员

　　马应彪是民国时期工商业界的优秀代表，他创办了中国早期四大百货公司之一的先施公司，推动了中国百货业的重大变革，被尊称为"香港商父""中国民族百货业的先驱"。他的妻子霍庆棠更是开了中国女售货员的先河。当年，广州先施公司的开张之日，老板娘霍庆棠站柜台的事曾在当时引起巨大的轰动。原来在民国初年，受封建礼教影响，女性难以"抛头露面"出来工作，广州先施公司筹建时一直招不到女店员，霍庆棠便亲自披挂上阵，做起了公司化妆品部的售货员，还带动两个小姑一起来售货，她不但仪态端庄，而且善于辞令，深受顾客欢迎，一时间"三个女人同台站"的佳话传遍坊间。霍庆棠由此成了中国第一个站柜台的女售货员，这在当时可说是惊世骇俗，为中国妇女走向社会起到了先驱作用。

党史小百科

23. 抗日根据地军民是怎样战胜困难的？

　　1941年至1942年，是中国抗日战争最艰苦的时期。太平洋战争爆发后，日本侵略者在中国占领区残酷地进行殖民统治和经济掠夺，并且集中日军、伪军反复"扫荡"敌后抗日根据地，国民党顽固派也继续加紧反共"摩擦"，华北地区又遇上了年年灾害，共产党领导的抗日根据地和敌后抗战斗争进入严重的困难时期。中共中央先后制定和实施了一系列正确的政策：精兵简政、统一领导、发展生产、整风运动、三三制政权、增产节约、减租减息等。其中，大生产运动和整风运动是两个中心环节。抗日根据地军民正是在共产党这些正确政策的指引下，克服了极端严重的困难，为抗日战争的最后胜利做了物质上和思想上的准备。

新民主主义青年团广州市委旧址

解放初办班培养学生骨干

文/崔小远

1949年10月14日，广州正式迎来解放。在之后的第11天，即10月25日，中国新民主主义青年团广州市工作委员会（简称"团市工委"）在汉民北路238号（现北京路372号）组建成立。70多年来，它带领着全市青年和共青团员们为社会主义建设、改革开放和新时期现代化建设事业挥洒青春汗水、建功立业。

国民党三青团总部变身共青团市工委

中华人民共和国成立后，被派往共青团华南工委工作的王文彬，是广州团市工委成立的亲历者。据王文彬回忆，1949年10月14日，他所在的华南工作团在翁源县龙仙镇与解放军会师。收到广州解放的好消息后，团本部领导和华南分局青妇组一共20多人，跟随解放军连夜乘车赶往广州。"18日晚上到了广州市郊沙河，为了不惊动群众，我们就在骑楼下睡了一晚。19日清晨，大家穿好新军装，整顿好精神面貌，坐上大卡车进入广州城。"

进入广州城后，一行人马上开始相关接管工作。当时接管广州的工作由两个大的工作团负责，一个是跟随解放军一起到达的南下工作团，另外一个是华南工作团。一些比较重要的地方都是由华南工作团负责接管，如公安局、银行、金融机构、比较大的工厂企业等。王文彬参与了接管汉民北路国民党青年组织三青团总部的工作。"国民党逃跑的时候十分狼狈，三青团总部里面乱七八糟，整个楼房到处都是散落的档案和文件资料。10月25日，中国新民主主义青年团广州市委就在这里挂牌办公。"王文彬称。

开办两期学干班培养团校骨干

青年团的发展，对党组织的建设至关重要。朱光老市长曾

地点：越秀区北京路372号
交通：地铁1号线、2号线公园前站

★ 共青团广州市委旧址位于繁华的北京路

经说过这样一句话："解放初期,党组织还比较薄弱,一是靠工会,另一个就是靠青年团。"1949年12月18日,团市工委在石牌的中山大学旧址举办学生干部训练班。王文彬介绍,学干班对经过地下斗争锻炼的1400多名广州地下学联成员进行为期10天的集中培训,学习社会发展史、革命人生观、团的基本知识等内容,最终在自愿申请的基础上,按照新的团章规定,吸收其中369人成为广州市第一批新民主主义青年团的团员。

1950年春,团市工委又在广雅中学开办了新一期的学干班,这次培训的对象大部分是在校学生,学习的内容与前次相同。这两期学习班的开办对广州市公开建团起到了重要的推动作用,也为后来创办华南团校培养了一批骨干。

团市工委干部建议促成广州市少年宫成立

广州市少年宫的成立,同样离不开团市工委的推动。1951年间,团华南工委书记黄焕秋和团市工委副书记胡泽群前往苏联考察共青团工作,参观了苏联的少年宫。他们深感我国应该学习苏联建立少年儿童宫,为少年儿童设置良好的校外活动机构。1952年初,他们向当时的中共华南分局书记、省人民政府主席叶剑英汇报,提议建立广州市少年儿童宫,叶剑英亲笔批示同意。后经研究,在当时的岭南文物宫(现广州文化公园)内拨出一个展览馆(农业馆)作为少年儿童宫的宫址。

1952年6月1日国际儿童节,广州市少年儿童宫落成开放。此后,少年儿童宫的软硬件设施不断完善,规模不断壮大,极大地满足了广州市少年儿童学习、娱乐、健身和个性特长发展的需要。

现址已成为潮绣文化传播窗口

而今团市委的办公地址已迁至人民北路,北京路372号成为一个人们了解潮州刺绣的窗口——潮州汇馆。2013年,适逢广州市将北京路打造成老字号一条街,潮州汇馆成为首批进驻北京路的老字号。在潮州汇馆内,金漆木雕、麦秆画、手拉朱泥壶、潮绣、潮州瓷器、金银艺术品等美轮美奂的精美艺术品组成潮州艺术长廊,在这里你还可以看到各式非遗工艺品,以及来自全国各地的艺术展览。

★共青团广州市委旧址如今已是一家潮州汇馆

历史链接：

中国共青团曾几次易名

中国共产主义青年团是党的助手和后备军，是共产主义事业的接班人，所以党用"共产主义"确定了团的性质。历史上，团曾有过几次更名。1922年5月，中国社会主义青年团在广州成立。1925年1月，在社会主义青年团第三次全国代表大会上，改名为中国共产主义青年团。1949年1月1日，党中央发布了《关于建立中国新民主主义青年团的决议》，同年4月，中国新民主主义青年团成立。1957年5月，团的名称改为中国共产主义青年团。

无论是中国社会主义青年团，还是新民主主义青年团，这些名字的背后是团根据革命斗争工作的需要，不断调整配合党的工作而做出的不懈努力。

党史小百科

24. 中国革命取得成功的"三大法宝"是什么？

1939年10月，毛泽东在《〈共产党人〉发刊词》中总结中国共产党18年革命斗争的历史经验时指出："统一战线、武装斗争、党的建设，是中国共产党在中国革命中战胜敌人的三大法宝。"统一战线是无产阶级如何组织和领导同盟军的问题，是无产阶级组织浩浩荡荡的革命大军，向一切敌人发动进攻的有力武器；武装斗争是中国革命的主要特点和形式；党的建设是党实现对中国革命领导的根本保证。统一战线是实行武装斗争的统一战线，只有以武装斗争为主要支柱，统一战线才能存在和发展。武装斗争必须以统一战线为基础，才能发展壮大。统一战线和武装斗争是党所掌握的两个武器，这两个武器只有在共产党的领导下，才能发挥其作用。因此，党的建设是三大法宝的中心环节。

市政府门前月台
三天两度举行解放军入城阅兵式

文/张玉琴

2019年中华人民共和国70周年大阅兵，你看了吗？当威武雄壮的部队方阵整齐划一地走过天安门广场时，电视机前的你是否为伟大的祖国而心生自豪？1949年，广州解放时，也举行了两次盛大的入城阅兵仪式，地点就在府前路。

市政府办公大楼门前被汉白玉栏杆围绕着的月台，曾作为阅兵台见证了1949年11月广州解放炮兵和步兵入城仪式的经典时刻。

地点：越秀区府前路1号市政府大院内
交通：地铁1号线、2号线公园前站

知名建筑师设计市府合署大楼

市政府办公大楼创建于20世纪20年代末，陈济棠主粤之初，决定在中央公园北部建设广州市政府合署楼，府前路因此得名。合署楼由当时著名建筑师林克明设计，为配合中山纪念堂的建筑风格和建筑群体布局，选址在广州市传统中轴线上。1934年10月，合署楼一期即现在的办公大楼竣工，原本还有二期、三期工程，但因政局动荡、资金不足等原因搁置。这座大楼坐北朝南，设计具中国民族特色，飞檐翘角，屋顶为黄琉璃瓦、绿脊，相当宏伟壮观。基座以花岗石砌成，月台及台阶的栏杆上均为云纹松鹤图案，色调和谐、古雅，显得庄严雄伟。合署楼建成后，政府各部门迁入办公，至今仍是广州市人民政府的办公地。可以说，半个多世纪以来，广州市的很多行政决策都是在这栋大楼里诞生的。

月台两度成阅兵台检阅炮兵、步兵

与雄伟的大楼相比，大楼门前的月台显得沉寂无声。可是在70多年前，这座月台却比所有人都更近地见证了广州解放的经典时刻。

1949年10月14日，广州解放。11月11日，解放军在府前路的中央公园北面举行解放广州入城仪式以及庆祝广州解放大会，

市政府门前月台作为检阅台,受检阅的有第四野战军第十五兵团,还有粤赣湘边纵队和广州各界群众20多万人。据史料记载,受检阅部队以军乐队及戴红花的战马为前导,从连新路进入府前路。在"三大纪律八项注意"的背景音乐中,军容整齐的战士一队队走过主席台,接受叶剑英、方方、陈赓、朱光等首长的检阅。

两天之后的1949年11月13日,中国人民解放军步兵部队又举行了正规的广场入城式,部队从解放北路出发进城,在此接受省市领导的检阅。在月台接受检阅之后,部队经过吉祥路与市内的群众会合,再从惠爱路(今中山四路、中山五路)、永汉路(今北京路)至丰宁路(今人民中路)进行了声势浩大的游行。

自此之后,市政府合署楼正式更名为广州市人民政府大楼。1989年12月,广州市政府门前的月台被列为广州市文物保护单位。岁月沧桑,月台无言,却始终是历史最好的见证者。

★ 市政府门前月台见证了两次解放军入城阅兵式

★市政府门前月台属于市级文物保护单位

历史链接：

为了阅兵式，战士们同日剃光头

2007年一期《神州》杂志刊登了当年解放军某部一连队指战员韩建翔对参加入城式的回忆。韩建翔说，当时的部队领导对入城式准备工作的要求"近乎完美"，每个战士的胡子要刮干净，绑带要统一，战士们还在同一天剃了光头，为的是长出来的头发一般长。举行入城式当天，全师凌晨4时就起床了，"（上级）说要在城里走4个小时，不吃不喝不小便，还要不讲话，不松绑带……"

党史小百科

25. 为什么说中国共产党是抗日战争中的中流砥柱？

中国抗日战争的胜利，是全国各族人民经过极其艰苦的斗争，付出极大的代价取得的。在这场战争中，中国共产党及其领导的人民武装力量，是全民族利益的最坚定的维护者，是团结抗战的中流砥柱，是取得抗战胜利的决定性力量。中国共产党根据战争形势的发展变化和历史特点，及时调整并制定了一系列正确的方针、政策及战略、战术，为抗日战争的胜利指明了正确的发展方向，并积极推动建立抗日民族统一战线。中国共产党在敌后广泛发动和组织以农民为主力的各阶层群众开展游击战争，使大量侵华日军陷于人民战争的汪洋大海之中。共产党领导的军队在这场战争中付出极大牺牲，为夺取抗日战争胜利做出了重大贡献。

广州解放纪念像
见证广州一甲子的华丽蝶变

文/黄绮媚

★ 海珠广场远景

2019年10月1日清晨，中华人民共和国成立70周年之际，一面五星红旗在海珠广场徐徐升起，让这颗广州传统中轴线上的明珠再一次回到众人的视线。

是啊，原来已经过了70多年。在这说长不长说短不短的时光里，广州经历了翻天覆地的变化，要论其中重要的见证者，海珠广场和矗立其中的广州解放纪念碑当之无愧。

想知道它们的故事？且听我徐徐道来。

地点：越秀区海珠广场
交通：有10路、14路、180路、183路等多条公交车线，
　　　地铁2号线、6号线海珠广场站

废墟变身首个交通绿化广场

说起海珠广场，可能很多人不知道它对于广州、广州人所代表的历史意义。

追溯至清代，这片临江的城区，因交通便捷已是广州城内热闹繁盛的商贸之地，民房连绵成片，大量居民在此聚居。

1938年，日军空袭广州，海珠桥附近的五仙门发电厂和海珠桥成为轰炸重点，虽然炸弹没有直接击中这两处，但附近一带民居遭了殃，整个地区沦为废墟，成为当时城内受破坏最严重的地方。

抗日战争结束后，国民党政府忙于内战，无暇顾及这片区域的清理和重建，使之成为城市里的乱草

岗。1949年10月14日，国民党军队撤出广州之前，炸毁海珠桥，再次加重了这一带的惨境。

广州解放后，为了恢复珠江两岸的交通，时任广州市长的叶剑英下令抢修海珠桥，1950年底海珠桥恢复通车。随后，政府以工代赈的形式，组织人力对海珠桥下的这片残垣废墟进行彻底清理，拆除周边残破民房，使北自维新路口（今起义路口）、南至珠江、西至五仙门发电厂、东至回龙路的区域成为宽阔干净的空旷之地，一年后，这里华丽变身成为广州第一个交通绿化广场。因广场位于海珠桥北端，又在昔日的海珠石附近，最终被命名为"海珠广场"。

广场建雕塑纪念广州解放10周年

1959年，广州解放10周年之际，时任市长朱光提出要在海珠广场竖立一个雕像，来纪念曾以血肉之躯为广州解放奋勇拼搏的人民子弟兵，并任命名雕塑家尹积昌作为总设计师。

次年10月，广州市政府举行了盛大而隆重的雕像奠基仪式，叶剑英元帅发表讲话后将讲话的文稿埋在了奠基石之下，并亲笔题下16个大

★ 海珠广场是市区繁华之地

★宏伟的广州解放纪念像矗立在海珠桥桥头

★ 新时代的海珠广场

字："一九四九年十月十四日广州解放纪念"。

　　两个月后，一座高度为16米，身披斗篷，手拿一束鲜花，全身以花岗岩石雕凿而成的解放军雕像在海珠广场中央落成，像座四角分别刻着"一切权力属于人民"的印章，雕像底座上则刻着"广州解放"四个大字。雕像问世后即成为广州的一个地标性建筑，成为人们参观的热门地。1962年，这个雕塑和海珠广场更以"珠海丹心"为名称被评为羊城新八景，佳话广传。

　　已届花甲的"老广"麦女士一提起广州解放纪念像时就想起那个毕生难忘的儿童节。1961年6月1日，就读于解放中路魁巷小学三年级的她作为学校大队长代表，来到海珠广场参加市政府组织的庆祝六一儿童节篝火晚会。"那时纪念像刚落成没多久，正是广州人对它最感到自豪、骄傲的时候，我作为一名小学生来到它的身旁，那种震撼和激动的场景，至今仍历历在目。"

新雕塑新形象再立海珠广场上

　　然而遗憾的是，文化大革命期间这座承载着广州人民对子弟兵深厚情感的纪念塑像被蓄意拆毁，像身被拆成石块散落各处，只剩下埋着叶剑英元帅讲话稿的奠基石独留原地。

为了保存和保护广州纪念像，海珠广场的园林工人们偷偷把散落四周的像身石块收集起来藏在陵园西路旁边的草丛里，此后年复一年地在奠基石四周按季节摆放不同的花卉，来代替"广州解放纪念像"。

"文化大革命"结束后，广州市政府成立广州解放纪念像领导小组负责雕像的重建工作，由于旧的纪念像已难以复原，便面向社会公开征集新的设计方案，最终从108个投稿中确定著名雕塑家潘鹤与梁明成两人的设计方案。1978年11月16日，纪念像正式破土重建，这就是我们现在看到的像高11.5米，肩背小米袋、左挎驳壳枪、腰围子弹带、右手持步枪、左手抱花束，虽一身征尘却面带笑意、英姿勃发的英雄战士形象。

岁月如梭，新"广州解放纪念像"已在城市中心矗立了40多年，每日欣赏着这个城市日新月异的变化，默默陪伴着市民们日出而作，日落欢歌。未来，它还将继续见证广州取得更加辉煌的发展成就。

★ 手捧鲜花的解放军像见证广州城市巨变

历史链接：

"海珠"源于海珠石

除了海珠广场，广州还有许多地名与"海珠"有关，如海珠桥、海珠大戏院、海珠路等。"海珠"何以如此重要？这与早年屹峙于珠江中的一颗大礁石——海珠石有关。

海珠石，是珠江中一块由白垩纪红色砂砾岩构成的大礁石，长133米，宽50米，更像是一座屹立江心的小岛，又称海珠岛。因其长期受江水冲刷而浑圆如珠，随着潮汐的变化而似浮沉海上（古时人们称珠江为海），故以此得名。

由于海珠石上绿树成荫，景色颇佳，自宋代起，陆续建有寺、树、台、阁等建筑。有记载称宋代大文豪李昂英曾在岛上读书备考，后成为岭南探花第一人，让这个"海上明珠"更添吉祥之说。

1928年，海珠岛通过浮桥与陆地的长堤大马路相连，建成海珠公园，成为广州市民休闲之地。然而可惜的是，1931年，主政广东的陈济棠修筑新堤（今沿江西路），将海珠公园炸沉并填埋，自此珠江上的这颗耀眼明珠湮灭于世。

党史小百科

26. 什么是中国的新民主主义革命？

新民主主义革命是指在帝国主义和无产阶级革命时代，殖民地、半殖民地国家中的无产阶级领导的资产阶级民主革命。中国的新民主主义革命是从1919年五四运动开始的，在此之前的近代以来的资产阶级民主革命为中国的旧民主主义革命。新民主主义革命是无产阶级领导人民大众反对帝国主义、封建主义、官僚资本主义的革命。它的目标是无产阶级（通过中国共产党）牢牢掌握革命领导权，彻底完成革命的任务，并及时实现由新民主主义向社会主义的过渡。1949年，中华人民共和国的成立标志着我国新民主主义革命的基本结束和社会主义革命的开始。

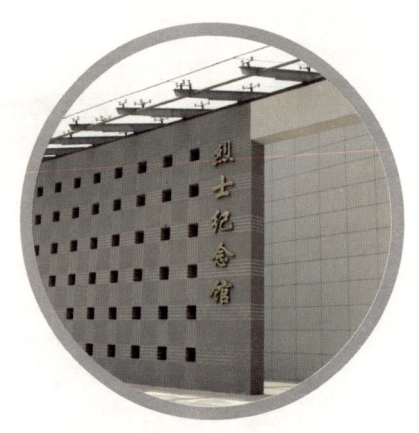

广州银河烈士陵园
跨越一个世纪的英雄纪念

文/崔小远

每年清明节期间,到广州银河烈士陵园缅怀先烈,是广州中小学生的一堂必修课。位于天河区燕岭路394号的广州银河烈士陵园（又称广州市银河革命公墓）,青山掩映、碧水环绕,远离城市的喧嚣,安宁而肃穆。在广州众多烈士陵园当中,这里不仅占地面积最大,也拥有时间跨度最长的英雄故事,自辛亥革命以来的一个世纪里,广东不断涌现的铁血忠魂多长眠于此。

地点：天河区燕岭路394号
交通：有252路、303路、257路、28路、84路等多条公交线,地铁3号线天河客运站或燕塘站

519位烈士忠骨安眠于此

银河烈士陵园内建有不同历史时期烈士墓碑132座,保存519位烈士的忠骨。安息在这里的烈士们,生于不同的年代,有着不同的革命和工作经历,他们展现出的英勇无畏、自我牺牲的革命精神却是相同的。

这里长眠着工人运动的优秀领导者何耀全烈士（1897—1927）。他于1925年加入中国共产党,是香港早期工人运动领导人之一,曾参加香港海员大罢工、省港大罢工,任省港罢工委员会副委员长、中华全国总工会常务执行委员,中共两广区委委员。1927年4月15日,国民党右派在广州大肆捕杀共产党人和革命群众,何耀全不幸被捕,在狱中虽身遭酷刑,仍严守党的机密,坚贞不屈,被秘密杀害时年仅30岁。

这里有积极抗日救亡的热血青年——"广州文总六烈士"的忠骨。中国左翼文化总同盟广州分盟（简称"广州文总"）是中国共产党领导下的一个左翼文化组织,成立于1934年初。当时,日本帝国主义加紧侵华,国民党反动派却在大城市实行白色恐怖,中共广州地方组织屡遭破坏。广州文总毅然奋起,通过出版刊物、印发传单、演出剧目、街头演讲和读书会等活动, 团结教育青年,宣传马列主义和共产党抗日救国主张,极大推动了广州的抗日救亡运动。1934年1月底,广州文总一批领导者和骨干被捕,其中有教师也有中山大学学生,都是具有救国救民抱负的进步青年。同年8月1日,其

★气势恢宏的银河烈士陵园广场

★ 工作人员在清洁烈士塑像

中谭国标、温盛刚、凌伯骥、赖寅仿、郑挺秀、何仁棠六人被国民党反动派杀害于东郊红花岗，临刑前他们呼喊革命口号，高唱《国际歌》，英勇就义。中华人民共和国成立后，人民政府追认他们为革命烈士，史称广州文总六烈士。

这里不仅纪念着为中华民族独立和解放牺牲的英烈们，如著名的"广州沙基惨案"殉难烈士墓、马口英雄烈士墓和纪念碑，也缅怀社会主义不同建设时期为国家和人民献身的英雄，如救火英雄向秀丽烈士墓、抗"非典"英雄烈士墓等。关山月、黎雄才、萧红等文化界名人的纪念碑也建于此。最近长眠于银河烈士陵园的烈士，是广州军区警卫营二连代理排长邱兴和，2013年邱兴和勇跳珠江抢救一溺水群众光荣牺牲。

纪念馆展示百年红色精神

从辛亥革命的革命勇士到21世纪的救人战士，人们对百年来为国为民献身烈士的敬意，在银河烈士陵园得到了承载。一座座无言的烈士墓碑，在一代代人不断祭扫和缅怀中，传递着跨越时代的精神力量。

银河烈士陵园中，原本有一个90平方米的烈士事迹陈列室，随着史料素材的不断完善、参观人员越来越多，陈列室愈发显得不够用。2006年，在银河烈士陵园建园50周年之际，烈士纪念馆正式开建。2007年12月，纪念馆建成并对外开放。

走进纪念馆，首先映入眼帘的是气势磅礴的白色大型浮雕。浮雕分左右两翼，由广州美院教师集体创作，描绘了共和国成立前后的英雄故事，从沙基惨案中的爱国群众，到抗击"非典"的医护人员，都生动地展现出来。烈士纪念馆内的展览分为辛亥革命时期、大革命时期、抗日解放战争时期、中华人民共和国建设时期，展出了千余件历史图片、文献、实物，以更丰富的史料向人们展示着中华民族的过去和现在。

★ 烈士陵园大门

网上拜祭平台传承红色基因

每年清明期间，大批党员团员、学校师生以及社会各界人士前来陵园开展爱国主义教育和祭奠活动。近年来，陵园还借助互联网开办网上拜祭平台，市民们可以通过"广州市银河烈士陵园"网站，或微信关注"广州市银河烈士陵园服务号"，在网络空间了解烈士生平事迹、瞻仰烈士档案，为英烈献花祭奠、擦亮红星、发表感言寄语，传承革命遗志。

★ 陵园内的烈士纪念馆

★ 永不熄灭的革命之火

历史链接：

八成以上烈士为中共党员

　　1954年，广州市划出银河乡辖内对面岗、石顶岗、龙草岗3个山冈作为公墓规划用地。第一期建设工程于1956年4月竣工，华南地区首座由政府组建的纪念性革命公墓落成。广州市政府将分散在市内的烈士、志士墓先后迁入重新安葬。烈士中八成以上是中国共产党党员，在岁月的长河里，他们为争取民族独立、实现国家富强、促进世界和平前赴后继、视死如归，以鲜血和信仰构筑起一座座不朽的精神丰碑。

党史小百科

27. 中华人民共和国的国旗、国歌是怎样诞生的？

　　中华人民共和国国旗是五星红旗。它是由上海的一位工人设计的。旗面的红色象征革命，旗上的五星及其相互关系象征全国人民（工人、农民、城市小资产阶级、民族资产阶级）在共产党领导下的大团结。星用黄色，是为着在红地上显出光明，四颗小五角星各有一尖对着大星的中心点，这是表示围绕着一个中心（中国共产党）而团结。中华人民共和国国歌是《义勇军进行曲》，它由田汉作词，聂耳作曲。

后 记

广州是一座英雄的城市，是中国新民主主义革命的摇篮。中国共产党在这里走过了艰苦曲折的道路，写下了光辉的历史篇章。党的中央机关曾设立在这里，指挥着全国的革命运动。中共三大在这里开启了建立革命统一战线的先河，掀起了大革命的浪潮，开创了中国革命的新局面。从此，中国共产党走上了更加广阔的历史舞台。

在这段峥嵘岁月里，无数革命先烈舍小家为大家，抛头颅，洒热血。为了中国人民的幸福，为了中华民族的复兴，他们前仆后继，毫无怨言，至今仍旧是激励我们奋勇前进的精神力量。

今天，徜徉在广州大街小巷，到处可见红色印记。每一个革命遗址、遗迹的背后，当年都有一串惊心动魄的故事。中国革命历史是最好的营养剂。为了将这座英雄城市的红色故事挖掘出来，我们编写了这本名在花城系列之二《红色的印记》。

在撰稿之前，撰稿人都实地走访这些革命旧址、遗址、遗迹，仔细聆听一个个感人的革命故事，认真查阅一本本厚重的历史资料，将这些深藏在红色地名背后的故事以通俗易懂的笔墨呈现出来，让这本书成为今天人们了解这座城市革命历史的一个窗口。翻阅它，能够深刻了解到每一个红色地名背后的故事。

进入新时代，广州已经是一座国际化大都市，在社会、经济、文化等方面拥有全球影响力，人人都在享受活力城市的美好生活。喝水不忘挖井人，今天，我们更应该了解这座城市的底色，传承红色基因，激发前进的动力，这也是名在花城系列之二《红色的印记》编写的初衷。

何雪峰

~名在花城~

广 州 地 名 文 化 学 生 读 本